JOURNAL D'ARIZONA ET DU MEXIQUE

Fiction & Cie

Chantal Thomas

JOURNAL D'ARIZONA ET DU MEXIQUE

(janvier-juin 1982)

Seuil
57, rue Gaston-Tessier, Paris XIXe

COLLECTION
« Fiction & Cie »
fondée par Denis Roche
dirigée par Bernard Comment

ISBN 978-2-02-156124-1

www.seuil.com

À Bernard Comment

Tucson est située dans une magnifique région de *mesquite* et au milieu d'une région alluviale surplombée par des chaînes de montagnes enneigées, qui ressemblent aux Catalinas. Les gens sont de passage, sauvages, ambitieux, affairés, joyeux ; le centre est en effervescence et promet de l'être plus encore ; c'est « californien ». Fort Lowell Road, longeant les arbres au bord de la rivière, est un long jardin verdoyant, dans une plaine de *mesquite*.

Jack Kerouac,
Journaux de bord, 1947-1954

Plus loin les rues cessaient d'être pavées. Il y avait de grands vides où on ne voyait que du sable et quelques cactus. On dépassait l'aérodrome, et, sans transition, c'était le désert, avec le violet des montagnes dans le lointain.

Georges Simenon,
Maigret chez le coroner, 1949

J'allais, j'ouvrais les yeux, j'étais étonnée, et voilà tout.

Marivaux,
La Vie de Marianne

OUVERTURE

Quand j'habitais New York, mon ami Eugène Nicole me parlait souvent de son séjour en Alaska, à Fairbanks, où il avait donné, entre autres, un cours sur Marcel Proust et un sur la linguistique. Et à propos de linguistique, il m'avait raconté cette histoire, déchirante : du peuple des Eyaks il ne restait plus que deux personnes vivantes, deux sœurs. Elles étaient les dernières dépositaires de leur langue. Depuis longtemps un fameux chercheur américain s'attachait à recueillir d'elles un maximum d'informations. Il les poursuivait d'une insatiable *libido sciendi* dans le but de réussir à terminer sa définitive *Syntaxe de l'eyak*. Sa tâche était rendue particulièrement ardue par le fait que les deux sœurs ne s'adressaient plus la parole et qu'en plus, par caractère, elles n'étaient pas loquaces. J'étais touchée par cette histoire des sœurs mutiques, chacune gardant pour elle-même, de plus en plus appauvri par l'oubli et l'absence d'usage, le trésor d'un idiome sur le point de disparaître (une histoire qui connaît un rebond imprévu, grâce à un linguiste français, Guillaume Leduey, qui depuis 2010, à l'université de Fairbanks, s'est lancé avec ferveur et érudition dans la mission de sauver l'eyak. Il reconstitue cette langue à partir des documents réunis par son prédécesseur et se trouve actuellement l'unique locuteur de l'eyak, avec l'espoir que, dans son sillage, de jeunes Indiens réussiront à faire revivre la langue parlée par leurs ancêtres et qui leur était interdite). Les deux sœurs fâchées n'auraient pas suffi à me faire désirer d'aller en Alaska, s'il n'y avait pas eu surtout l'évocation par mon ami d'hivers extrêmes, de ciels de neige d'octobre à fin mars, un pays pris dans le gel, uniformément blanc et qu'il fallait ne pas manquer de contempler les quelques heures par jour où il faisait un peu clair. On étudiait au chaud dans sa chambrette cernée par les glaces et, le soir, on se rendait à ski faire la fête. J'imaginais des cabanes en rondins isolées, des notes de jazz s'échappant par les cheminées pour jeter un brin de fantaisie parmi les ours sommeillant dans leur tanière.

Avec Eugène, nous nous donnions rendez-vous à Central Park, au pied de la statue du chien Balto, un de nos héros, un héros de l'Alaska. En 1925, Balto avait mené une meute de vingt chiens de traîneau, depuis Anchorage jusqu'à la petite ville de Nome, où sévissait une épidémie de diphtérie. Ils avaient parcouru plus de mille kilomètres à travers des tempêtes de neige et avaient pu apporter à la population le sérum nécessaire. Non loin de la statue du chien Balto, il y a celle d'*Alice au pays des merveilles*. Aller et venir entre Balto et Alice entourée du Lapin blanc et du Chapelier fou était un de nos trajets favoris. J'étais de plus en plus tentée par l'Alaska, au point qu'après avoir consulté la brochure de la MLA (Modern Language Association of America) et vu qu'il y avait un poste vacant à l'université de Fairbanks, j'avais envoyé mon curriculum vitae accompagné d'une lettre de motivation bien sentie. Cela me semblait impossible d'être refusée. Ce fut pourtant le cas. J'ai confié ma peine au chien Balto et repris la brochure de la MLA. À la lettre A, au-dessous d'*Alaska*, venait *Arizona*. Puisque mon vrai choix n'était pas possible, ça me plaisait de m'en remettre à l'arbitraire de l'ordre alphabétique, et qu'en plus se juxtaposent ainsi deux climats extrêmes. L'État de l'Alaska, proche du cercle polaire ; l'État de l'Arizona qui fait partie des États de la « Sun Belt », la Ceinture du Soleil. L'été dernier, à cause de la montée de la sécheresse partout dans le monde, l'Alaska et l'Arizona se trouvaient être *en même temps* la proie de gigantesques incendies. Plus de 500 000 hectares de toundra ont brûlé en Alaska, tandis que dans le centre-nord de l'Arizona, autour de Flagstaff, on avait assisté à la disparition des neiges des sommets des Rocheuses (Never Summer) et que des forêts en feu obligeaient à procéder à des évacuations. Cet été, la crise climatique ne faisant que s'aggraver, les incendies du nord du Canada ont détruit 15,3 millions d'hectares. Et, en Arizona, les températures dans la ville de Phoenix ont dépassé les 43 degrés pendant vingt-cinq jours de suite sans le moindre rafraîchissement pendant la nuit. Une sécheresse telle que les cactus géants saguaros, emblèmes de l'État, meurent par centaines. Le réchauffement de la planète conduit à l'uniformisation des saisons, à la disparition d'un pays de neige opposé à celui du désert, au profit d'un unique incendie embrasant l'entièreté de la planète et l'éclipsant dans un monstrueux nuage de fumée : l'Enfer.

À la fin de l'été 1936, Antonin Artaud, depuis six mois à Mexico, peut enfin quitter la ville et entamer son expédition en direction du nord du Mexique, dans la haute sierra Tarahumara où vivent les Indiens dont il attend d'être admis au rite du peyotl et, par là, à cette initiation : « Celui qui est près des forces de la Nature participe de ses secrets. » Une société anachronique, hostile au monde moderne, matérialiste. La réalisation même de sa conception d'un théâtre non séparé de la vie, en prise sur la même exaltation, sur la même MAGIE. Artaud anticipe la rencontre avec les Tarahumaras comme l'événement capital de son existence. Encore faut-il qu'il atteigne cet endroit reculé. La montagne est haute, le chemin escarpé, et Artaud, fatigué et qui a arrêté d'un coup l'opium, se trouve dans les affres du manque. Le voyage, à cheval, avec un guide, dure vingt-huit jours. Artaud les a comptés car il y subit, sans discontinuer, le supplice de son corps en effondrement. « Vingt-huit jours de cette emprise pesante, de ce monceau d'organes mal assemblés que j'étais, et auxquels je me donnais l'impression d'assister, comme à un immense paysage de glace sur le point de se disloquer. »

Au comble de la souffrance, Artaud a cette image d'un paysage de glace en train de mourir ; aujourd'hui que cela se produit effectivement, impossible de ne pas y lire un signal de mort.

Mais, dans les années 1980, comme en 1936, pays de neige et pays de feu, Alaska et Arizona, représentaient deux mondes à l'opposé.

L'université de Tucson offrait un poste de *visiting assistant professor* de français pour des cours sur la théorie critique, le roman au XVIIIe siècle et un cours de langue (cours de conversation). Sans réfléchir, parce que j'avais besoin de trouver du travail, j'ai à nouveau envoyé mon curriculum vitae et recopié la lettre d'abord destinée à me rendre accessibles les charmes des raquettes de neige et des mauvais sujets en quête d'un no man's land où la justice américaine perd de son efficacité. Et comme toujours, lorsqu'on n'attend rien, la réponse avait été favorable. Une lettre du chef du département m'informait de mon salaire, 10 500 dollars, et que je serais la bienvenue. J'avais accepté avec le sentiment de me lancer vers l'inconnu et, aussitôt ma réponse postée, je n'avais plus du tout repensé à l'Arizona. L'assurance d'avoir un job pour le semestre de printemps me permettait de profiter dans l'insouciance de l'été indien et des premiers flocons de neige sur Manhattan.

En avril 2022, à Paris, je suis allée voir *Seule la terre est éternelle* de François Busnel et Adrien Soland. Je n'étais pas allée au cinéma depuis des mois à cause des mesures successives de confinement contre la circulation du Covid-19. Le simple fait de choisir un fauteuil et de me dissoudre dans l'obscurité d'une salle, happée par un écran beaucoup plus grand que moi, un écran qui me dominait, au contraire du petit écran de la télévision conçu pour être manipulé par le spectateur, m'a procuré le sentiment d'une aventure. J'étais déjà excitée avant que le film commence mais, tout de suite, dès le beau travelling de début sur une étendue de prairie courbée par le vent (Jim Harrison habite un ancien ranch, à Paradise Valley, dans le Montana), j'ai été extraordinairement émue, et exaltée. J'ai été prise par la lenteur d'élocution de Jim Harrison, par son souffle, oppressé, difficile, haletant, mais qui ne communique pas d'angoisse parce qu'on comprend que l'écrivain s'en est remis pour le soin de sa destinée à la Nature et qu'il ne fait qu'un avec l'incroyable puissance de l'Ouest américain. La même démesure de part et d'autre, la même ouverture à l'abrupt de la poésie, au surgissement de la vie, sauvage, irréductible.

Jim Harrison appuyé sur sa canne contemple la plaine que survolent des aigles et les pics, au lointain, de la chaîne Absaroka. Il a la religion des arbres, distingue et reconnaît chaque chant d'oiseau. Il perçoit la beauté du hululement des hiboux comme celle du hurlement des loups sous la lune. Il appartient corps et âme à ce paysage peu habité. Un vaste paysage qui se traverse en voiture, se poursuit d'État en État en direction du sud jusqu'à atteindre la frontière avec le Mexique. Des jours de rêves éveillés et de pensées qui s'effilochent, des jours et des nuits de voyage somnambulique. C'est la route qui vous conduit, la route solitaire. *Lonely road*. Janis Joplin chante, sa voix tantôt forte, pleine et puissante, tantôt d'une douceur ravageuse, implorante, brouillée de larmes, brise les défenses, abolit les distances.

I'd say get it while you can, yeah
Hey, hey, get it while you can
Hey, hey, get it while you can
Don't you turn your back on love
No no no, no no no no no

Seule la terre est éternelle a été tourné durant l'été 2015, Jim Harrison allait mourir moins d'un an plus tard, le 26 mars 2016, à Patagonia, en Arizona, dans sa Patagonie à lui, sa maisonnette en adobe, plus secrète et retirée que celle du Montana. Une retraite spartiate, au bord d'un torrent, ombrée par des arbres, où il avait plaisir à se cacher pour écrire, et où une crise cardiaque l'a terrassé au beau milieu d'un poème.

La force de mon émotion m'a révélé combien j'avais aimé l'Arizona, combien ce qui n'avait été en apparence qu'un banal séjour universitaire avait compté pour moi. J'ai eu envie de m'y envoler sur-le-champ. Faute de pouvoir le faire, j'ai été curieuse d'ouvrir mon cahier d'un printemps au désert, de laisser advenir, entre les mots, images et sensations. De retrouver la fraîcheur de mon étonnement, de ma naïveté, alors même que j'étais, en plein cœur de l'Ouest mythique, en train d'enseigner *Mythologies* de Roland Barthes.

Nice, été 2023

1982. Pour mémoire

En France, un président issu du Parti socialiste, François Mitterrand, est depuis mai 1981 à la tête du gouvernement. Aux États-Unis, un président appartenant au Parti républicain, Ronald Reagan, a été élu en janvier 1981, contre le démocrate Jimmy Carter. Si François Mitterrand, lecteur entre autres de Machiavel et de Casanova, amoureux de Venise, a derrière lui une longue carrière politique remarquable par sa force de réflexion et d'obstination, Ronald Reagan a opté dans sa jeunesse pour une carrière d'acteur. Pendant plus de vingt ans il travaille dans les studios de Hollywood. Il apparaît dans cinquante-trois films, enchaîne surtout les seconds rôles, mais, à la veille de la guerre de 1939-1945, il est sur le point d'atteindre à la reconnaissance du grand public. De retour aux États-Unis après ses années militaires, il revient à Hollywood, on le voit dans plusieurs westerns dont *La Piste de Santa Fe, La Reine de la prairie, Quand la poudre parle.* Ses dernières prestations, de 1964 à 1965, consistent à jouer dans la série télévisée *Les Aventuriers du Far West* et à la présenter.

En 1966, en plein galop, dans un canyon du Colorado, échappant de peu aux flèches des Apaches qui le guettent du haut d'un plateau (*mesa*), il se lance dans la vie politique et obtient son premier mandat de gouverneur de l'État de Californie. Ronald Reagan, pur produit de la société du spectacle, inaugure les succès à venir de présidents initialement acteurs ou présentateurs de télévision comme le républicain Donald Trump, aux États-Unis, ou, dans une tout autre dimension politique, en Ukraine, Volodymyr Zelensky, ancien comédien, scénariste et humoriste. Reagan plaît par son charisme, par son épouse Nancy, elle-même actrice à Hollywood. Il est à fond pour la peine de mort, contre les syndicats, et dans une haine viscérale de l'Union soviétique identifiée à « l'empire du Mal ».

C'est dire que, à travers la dégaine Far West de Reagan et ses priorités, la poudre continue de parler.

1982 est aussi l'année où le terme de SIDA (syndrome d'immunodéficience acquise) ou AIDS (*acquired immunodeficiency syndrome*) fait son apparition (auparavant s'utilisait le terme de GRID, *gay-related immunodeficiency*). Le virus, en circulation peut-être dès 1969 selon de récentes recherches, mais en active propagation à partir de 1981, est nommé, mais non identifié, et son dépistage impossible. Reagan et son administration, sous l'influence conservatrice, moralisante, anti-homosexuelle, de l'Église évangéliste, décident de l'ignorer. Reagan ne se résoudra à mentionner l'existence du sida qu'en 1987.

1982 : l'année qui sonne le glas du goût de l'instant et du plaisir insouciant. Avec l'apparition du sida la notion de péché mortel revient en force et l'épidémie de sida va justifier toutes les formes de répression morale. Elle creuse un abîme entre un avant et un après.

Me rendant à Tucson, Arizona, célèbre pour son désert et ses studios de cinéma, j'allais dans le lieu même où s'élaborait le mythe fondateur d'une Amérique machiste, conquérante au nom du Bien, où se fabriquaient des images assez fortes, simples et consistantes pour faire écran à la réalité.

Des images qui nient l'Histoire, la complexité des rapports, la profondeur du temps et la succession de métamorphoses géographiques et politiques qui, telles des vagues successives, modèlent un pays.

Débarquant à Tucson, Arizona, « ville moderne, d'esprit californien » (Kerouac), il me faudra tout un séjour, fait d'excursions, de lectures, de rencontres, pour remonter, à partir de l'époque moderne, jusqu'à la conquête de l'Ouest, que précédait la conquête espagnole (XVIe siècle) des Indiens Pueblos installés depuis des siècles, pour enfin, suivant le décryptage des archéologues et les incrustations de coquillages fossiles, déboucher sur la vaste mer qui, il y a des dizaines de millions d'années, recouvrait la plaine des cactus et noyait sous ses flots les actuels promontoires rocheux du Colorado.

Et je me suis vue, comme dans un rêve, minuscule silhouette en train de m'avancer sur le fond de sable très lisse, doré, de cette mer depuis longtemps évaporée. Je marche sans but sous un ciel incroyablement bleu. Je n'ai aucune peur de me perdre. Le contact du sol si doux sous mes pieds suffit à me rassurer.

JOURNAL

Janvier

13 janvier 1982

Arrivée à Tucson. Agréable fraîcheur de l'air après le froid de New York qui vous attaque les poumons. Parfum subtil d'herbes sèches.

Rose beige, rose poussière de la terre. L'aéroport – la tour de contrôle, quelques bâtiments – fait vraiment perdu. Du côté du non-retour.

En attendant mon bagage, je revois la dernière scène de *Casablanca*. Je songe aux liaisons aériennes improbables – et aux liaisons amoureuses bancales. Le chairman du département (*Department of French and Italian*) est venu m'accueillir. Il porte un imperméable à la Humphrey Bogart. Un bon signe.

Il s'étonne de la petite taille de mon bagage, mon habituel sac de marin, et me conduit dare-dare à l'université pour que je signe un papier où je m'engage à rester. On m'explique que le *visiting professor* qui m'avait précédée, un professeur de la Sorbonne, à peine les pieds posés sur le sol de l'Arizona, avait paniqué. Adieu les frondaisons du jardin du Luxembourg, les statues de reines, les déjeuners au Balzar, *Le Monde des livres* le jeudi soir, et, pire que la privation de ses habitudes, le risque que cette malédiction du dehors, qui dans *Roma* de Fellini détruit des fresques millénaires, atteigne son savoir, que le XVIIIe siècle français, à la fois objet d'étude et partie de lui-même, perde ici toute signification. Qu'il parte en poussière, comme, au contact de l'extérieur atteint par la brutalité de travaux pour la construction d'un métro, les fresques antiques, les beaux visages miraculeusement préservés s'effacent… Le professeur avait repris illico l'avion en sens contraire.

Je signe et prends un premier aperçu du campus et de l'université d'Arizona, Arizona State University, fondée en 1885. Des bâtiments roses aux angles arrondis, des allées bordées de palmiers. Ceci fait, on me mène à l'Holiday Inn. Chambre réservée pour deux nuits. Ensuite, je chercherai un appartement. Je n'avais pas eu envie de louer à distance.

La fatigue me tombe dessus. Un regard par la fenêtre : la ligne des montagnes aux sommets enneigés, le ciel immense. Arizona. Horizon. Un regard sur la chambre : claire, d'une propreté immaculée. Mes yeux se ferment. Je m'enfouis dans une montagne d'oreillers blancs. C'est profond, doux et délicieux.

Réveil le lendemain, *dans l'après-midi*. Plusieurs messages sur le répondeur. Bonjour, cher professeur Thomas, nous espérons que vous avez passé une bonne nuit. Nous vous attendons, comme prévu, pour le meeting de rentrée du *Spring Semester*... Bonjour, professeur Thomas, comment allez-vous ? Où êtes-vous ? Tout va-t-il bien ?

Fort bien. C'est juste que, à la suite de nombreuses *goodbye parties* pour son départ de New York, professeur Thomas en fusion avec professeur Sourde-Oreille a dormi quinze heures d'affilée. Je descends prendre mon breakfast à l'heure du dîner. Des tensions de principe, mais j'obtiens des *huevos rancheros* parfaits. Jaune éclatant, épanchements glorieux. Une *margarita on the rocks* complète le plaisir. Le givre de sel et le citron achèvent de réveiller professeur Sourde-Oreille, lequel s'éclipse avec son compère, professeur Sommeil. Ils me font de la main un signe gentil. Ils sont mes alliés de toujours.

J'ouvre grand les yeux.

Dans la salle de l'Holiday Inn : clientèle uniquement masculine.

14 janvier

Matin. Breakfast à l'heure du breakfast. J'ai rejoint la normalité. *Eggs over easy, bacon, toast.* Un café aussi serré que possible.

Invisibilité des Mexicains porteurs de grosses carafes d'eau bruissantes de glaçons.

Tristesse des serveuses. Fausses fleurs dans leurs cheveux. Leur prénom attaché sur leur blouse, gage d'aucune proximité. Rien de plus qu'un numéro.

À la télévision, une émission sur les dépressions nerveuses. Un psychologue défend la théorie que le stress est bon pour la santé.

Les torses épais des hommes d'affaires. Leur costume-cuirasse. Donnent l'effet d'être *violemment* assis. À une table, ils sont six ensemble à avaler leur café, mordre dans des saucisses et engloutir des pancakes sans échanger un mot. À un moment, le plus gros d'entre eux ouvre la bouche, les autres attendent, sans émotion particulière, d'accord cependant pour relever la tête de leur assiettée.

Je parle avec un Canadien français en stage à Tucson. Il m'indique un café avec de bons expressos : Café Olé. Me dit ses impressions sur le climat : « Le soleil *se touche* très tôt ici. » Il se corrige, rosit, comme brûlé en oblique par un rayon de ce soleil impudique.

Ma première adresse :

A Chateau Apartment Hotels. 1402 North Alvernon Way, Tucson.

Une femme charmante, brune, très mince, le teint pâle, professeure au département, une Suissesse proustienne, pénétrée des principes de distance et de courtoisie de l'Ancien Monde, m'indique ce Chateau Apartment Hotels, le temps que je trouve un logement pour le semestre. Elle propose de m'y conduire. Dans sa manière spontanée de s'offrir à m'aider, je sens une promesse d'amitié.

« A Chateau Apartment Hotels » sonne énigmatique. Il s'agit de studios de location pour voyageurs, gens de passage, travailleurs saisonniers, etc. Il y a aussi des sédentaires, des célibataires, des divorcés des deux sexes, surtout des hommes qui s'en remettent comme ils peuvent. Plutôt pas bien, étant donné, dans l'ensemble, l'incapacité des hommes à vivre seuls. Du « Château », bien que relativement confortable, se dégage un mal-être.

La piscine, en forme de haricot. Lisse et opaque, comme un suicide réussi.

Inga K., ma nouvelle amie de *La Recherche du temps perdu*, agite une main gantée et me dit au revoir à l'entrée de mon studio. Sa voix, un accent ou plutôt des accentuations qui ne sont qu'à elle. Liées à son multilinguisme : français, allemand, italien, anglais. Le studio, sombre, car pris dans la verdure, et dont l'intérieur même est teinté de vert forêt. Il me paraît un lieu propice à la lecture. Je pose ma Pléiade Marivaux à mon chevet et sors en quête d'un restaurant. Je me renseigne auprès du gardien du Château, lequel, dès informé que je suis à pied, me toise et conclut que des restaurants où je pourrais, du Château, me rendre à pied, ça n'existe pas.

L'enjeu ici n'est pas, comme dans le Versailles des rois de France ou dans le roman de Kafka, de réussir à se faire admettre au Château ; de lentement, précautionneusement, franchir les obstacles que les caprices du Prince et les subtilités du Protocole (et, avant ça, la mauvaise volonté des subalternes) rendent presque insurmontables. Non, la difficulté, la surprise, phénoménale, est de se retrouver, à l'issue d'aucun effort ni anticipation, *à l'intérieur* du Château et de constater qu'il n'est rien. Le Château vous est accordé en même temps que la révélation de son néant. Mais alors comment garder l'enchantement ?

Et même, sans aller jusque-là, d'où tirer le courage de se lever chaque matin ?

Lorsque j'ai visité Hearst Castle, à San Simeon, en Californie, la célèbre demeure du magnat de la presse m'a fait la même impression de rien. Pourtant Hearst Castle possède les dimensions, le nombre de pièces, le voyant de richesses et d'œuvres d'art associés à la notion de château. Dès le début de la visite je me suis sentie découragée, écrasée de fatigue. Était-ce parce qu'aucune ombre de fantôme n'avait jamais désiré s'y glisser, ou que William Randolph Hearst, comme l'invente ou le révèle avec génie *Citizen Kane*, le film d'Orson Welles, oublieux de son enfance, coupé de toute réserve de magie, est réduit à une seule échelle de valeurs : le dollar ? Mais les deux, l'oubli de son enfance et l'asservissement au dollar, ne font qu'un. On devient de plus en plus riche sans avoir plus *aucune* idée de comment s'amuser.

Devise de l'État d'Arizona : *Ditat Deus*, Dieu enrichit.

Il me faut marcher longtemps pour dénicher un bar où l'on sert à manger. Le bar, une salle étroite, au long comptoir de bois, dans le genre des bars sombres de 14th Street à Manhattan, où je vais avec Peter débattre des ressources poétiques et maléfiques de l'existence, est vide à l'exception d'un homme, le patron, en train de regarder à la télé un drame d'amour. Il s'en éloigne avec regret mais est quand même sensible au (mince) événement d'une cliente venue de France. Je demande une pizza (j'ai envie de préciser avec des poivrons phosphorescents tant l'obscurité est dense) et une bière. C'est ma première Corona – accompagnée de guacamole. L'homme retourne à son film. Je savoure guacamole, pizza et Corona. J'ignore tout de Tucson, je ne sais même pas dans quel quartier je demeure (« Midtown », m'a dit le gardien). L'homme éteint la télé, me sert une autre Corona, met de la musique. Je laisse la nuit du bar gagner le dehors et m'installe dans le temps suspendu d'une musique pour personne.

On dirait que tout se vit, lorsqu'on est dans la ville, sur un fond de bruit de moteur. C'est peut-être devenu la voix la plus intime des habitants.

Ici, personne ne marche. Une voiture de police ralentit à mon niveau.

Au Chateau Apartment Hotels tout est tranquille. Marivaux, Pierre Carlet de Chamblain de Marivaux, les ondulations de sa courte perruque encadrant l'esquisse d'un sourire, m'y attend. Mon studio semble encore plus accueillant le soir. Il y a une bonne lampe et ce qu'il faut de coussins. Je me fais une tisane et me replonge dans le début des aventures de Marianne. Ou plutôt *je suis reprise* par *La Vie de Marianne*, car ce livre a déclenché en moi un état de besoin, et même de manque : je *dois* en savoir plus. La destinée de Marianne me vrille d'une curiosité presque douloureuse. Et cela dès les premiers mots, lus dans une maison d'une petite ville du New Jersey, à la lisière d'une forêt clairsemée (au milieu d'une dispute avec Franck : « Qu'est-ce que tu vas chercher en Arizona ? Est-ce qu'on ne pourrait pas être un peu calmes, prendre du bon temps comme tout le monde. – Tu n'es pas calme. – Ah non ? » Et il envoie au plafond la tranche de jambon gentiment posée sur son assiette). Prise par l'effet « Vie de Marianne », protégée par l'abri fragile mais entier que toute lecture passionnée nous procure, je ne m'aperçois pas tout de suite de la présence de voisins. Ils sont deux. Deux hommes. Voix fortes bientôt furibardes. Ils sont venus pour baiser. Si les chuchotis bisous-bisous de départ pouvaient paraître prometteurs d'étreintes lascives, très vite quelque chose déraille. La partie de cul dégénère. Ils se gueulent des insultes. Un premier coup, mat. Une riposte, plus sonore. Ils s'envoient valdinguer. S'assomment de l'autre côté de la cloison. Derrière mes oreillers accumulés, elle vibre des violences qu'ils se font, des meubles projetés, de la télé explosée. Je poursuis, rivée à ma Pléiade. Son papier bible ne m'a jamais paru si fin. *Un carrosse de voiture qui allait à Bordeaux fut, dans la route, attaqué par des voleurs ; deux hommes qui étaient dedans voulurent faire résistance, et blessèrent d'abord un des voleurs ; mais ils furent tués avec trois autres personnes : il en coûta aussi la vie au cocher et au postillon, et il ne restait plus dans la voiture qu'un chanoine de Sens et moi, qui paraissais n'avoir tout au plus que deux ou trois ans. Le chanoine s'enfuit, pendant que, tombée dans la portière, je faisais des cris épouvantables, à demi étouffée sous le corps d'une femme qui avait été blessée, et qui, malgré cela, voulant se sauver, était retombée dans la portière où elle mourut sur moi, et m'écrasait* [...]. *Pendant que je criais sous le corps de cette femme morte qui était la plus jeune, cinq ou six officiers qui couraient la poste passèrent* [...]. *Quelqu'un d'entre eux, à ce qu'ils ont dit depuis, voulait qu'ils se retirassent ; mais un autre, ému de compassion pour moi, les arrêta, et mettant le pied à terre, alla ouvrir la portière où j'étais, et les autres le suivirent. Nouvelle horreur qui les frappe : un côté du visage de cette dame morte était sur le mien, et elle m'avait baignée de son sang. Ils repoussèrent cette dame toute sanglante, et me retirèrent de dessous elle.* Bing ! Bang ! Bang ! La cloison va céder. Ils vont, sous me yeux, achever de s'entre-tuer. Je m'inquiète. Pas trop, car Marianne ne me lâche pas. Cette enfant, dont l'histoire commence dans le sang, non celui, naturel, d'un accouchement, mais celui, criminel, d'un carnage, me captive. Je vois la toute petite fille étouffée sous le poids d'une femme morte – noyée dans son sang. C'est sa naissance à elle, sa *vraie* naissance, d'où elle est jetée dans le monde, dans le vif de son horreur.

Si j'avais ma sérénité, je prendrais des notes, questionnerais le bien-fondé du terme « marivaudage », sa mièvrerie, aussi réducteur que ceux de « sadisme » pour Sade ou de « masochisme » pour Sacher-Masoch. Mais l'insomnie me brûle les yeux, Bong ! Ugh ! L'abri de la lecture se fissure. Il résiste encore, puis : SILENCE. Ils ont dû se mettre KO, ou bien professeur Sourde-Oreille et professeur Sommeil, mes vieux amis, sont venus à ma rescousse.

Au matin, porte grande ouverte par le gardien du Château : tout est cassé, les lampes, la télé, la glace dans la salle de bains, le matelas a été tiré sur le sol, le téléphone arraché…

– Et vous n'avez rien entendu ?

– Si, tout.

– Et alors ?

– Je lisais.

Le chanoine de Sens opine de la calotte. Je l'entends soupirer : « Mon Dieu, que les hommes ont de talents pour ne rien valoir ! »

Je suis dans le pays de l'attaque frontale. Et cela ne vaut pas que pour les musiciens et les poètes rock.

Déménager. Inga m'a trouvé un nouveau lieu.

Elle a écrit sa thèse sur la recherche de l'absolu dans l'œuvre de Proust. Elle en parle par touches légères, seule manière de désigner le sacré, en l'occurrence l'écriture, tout en me faisant visiter des quartiers de Tucson. El Presidio, le quartier historique, des murs rouges. Rouge sang. *El presidio.* La prison. Les premiers habitants de la ville de Tucson, des colons espagnols venus du Mexique, se battaient à mort contre les Apaches et d'autres peuples indiens.

Inga est extraordinairement européenne. En même temps, l'Ouest américain et la ville où elle vit, les saisons du désert et l'histoire de son université, n'ont pas de secrets pour elle. J'apprécie son regard distancié et l'humour qui va avec.

L'attaque frontale n'est pas de son registre. Ni du mien.

Ma nouvelle adresse :

Briarwood Apartments, # C4. 1300 E. Fort Lowell Road, Tucson, Arizona 85719.

Je colle mon nom sur la boîte aux lettres et regarde autour de moi. La disposition des logements est analogue à celle des studios du Château. Des constructions basses autour d'une piscine. Mais ici tout est clair et attirant. Des étudiants se rendent visite les uns les autres. Les lauriers-roses respirent le plaisir de fleurir. La piscine n'appelle pas d'idée de suicide. Peut-être même vais-je m'y plaire, me dis-je en déballant mes affaires et disposant sur une étagère ma poupée du

Colorado, une poupée de tissu, cheveux de laine jaune, chaste robe blanc et vert. Deux pastilles rouges sur ses joues roses. Je l'ai achetée à Boulder dans une *street fair*. Elle était un peu sale, couchée sur un foulard, parmi des couverts de dînette, un ourson, des chaussures d'enfants ratatinées d'usure. Elle avait peut-être été aimée, mais c'était fini. Sa propriétaire l'avait jetée quand elle était passée de petite fille au stade de « grande fille », selon les compliments de son entourage. Pour atteindre le plus vite possible le statut d'une « petite femme » prête à devenir la poupée du premier garçon venu.

La poupée du Colorado a quelque chose de puritain, une fierté dans son abandon. Et c'était pour cette fierté que je l'avais recueillie.

Je l'assois à côté des quelques livres pris avec moi : ceux pour mon cours sur le XVIIIe siècle, mon exemplaire en français de *Sur la route*, taché, corné, usé, d'avoir tellement voyagé avec moi, mais toujours aussi inépuisable, aussi neuf, surtout que j'ai acheté, au Strand, à New York, l'original, *On the Road*.

Coucher de soleil. Je m'oblige à le regarder parce que c'est le premier vu de ce nouvel appartement. En même temps, savoir que la cérémonie va se répéter plus d'une centaine de fois m'entraîne à des distractions. Je décroche à plusieurs reprises et me surprends, alors que l'horizon s'embrase, que le soleil va dissoudre son or dans l'immensité de la voûte céleste, à fixer en douce le coin de l'évier.

J'ai peut-être peur.

Peur de ne pas être à la hauteur, de n'y lire autre chose qu'une image de carte postale. Peur. Tout simplement.

14 janvier

L'air si limpide, désaltérant.

Dîner chez le chairman et son épouse.

Potage Saint-Germain en mon honneur. Conversation sur l'aventurier du même nom, rival de Cagliostro et de Casanova, son thé de longue vie, son élixir vital composé d'aromates et d'or. Sa recette pour grossir les diamants. Louis XV le courtisait, il voyait en lui l'homme qui allait rétablir les finances du royaume. La seule pensée du comte de Saint-Germain me porte à l'ivresse. Le chairman, spécialiste de Pascal, ne semble pas spécialement attaché à la rationalité. Autre trait sympathique.

La conversation quitte le comte de Saint-Germain pour Simenon. J'apprends qu'il a séjourné à Tucson. Surprise. Tant j'associe Simenon aux atmosphères glauques et aux matins de crachin. Il est resté deux ans dans cette ville, le temps d'écrire une dizaine de livres, d'avoir un fils, et d'apprendre sa condamnation par la justice de la Libération, précise le chairman. Je perçois de sa part, en tant que cadet de la France libre, une hostilité. La conversation quitte Simenon pour des considérations sur le climat.

Après le repas, dans une nuit totale, l'hôtesse, élégante, me montre le verger. Ici, des orangers, plus loin, des oliviers, à droite, un pamplemoussier. Je ne distingue pas la moindre silhouette d'arbre. Je suis peut-être en face d'un parking en compagnie d'un gang d'hallucinés.

Ou bien, c'est un tour du comte de Saint-Germain.

Un instant de flottement, de ma part, lorsque le chairman m'interroge sur la date de venue de mon époux. Je dois avoir l'air étonnée parce qu'il passe vite à un autre sujet. Il me revient qu'il a reçu mes documents d'identité et donc ma carte verte du nom de famille de Peter.

Peter. Son obsession des bars gays ; sa distraction aussi qui peut le faire entrer dans un bar, convaincu, à tort, qu'il est en territoire sûr (comme ça lui est arrivé à Boston).

L'imaginer lui, ici, est du registre de la science-fiction.

20 janvier

Palmiers en toile émeri dans le jour gris.

Premier cours à l'université. J'y vais en auto-stop, *thumbing*. Sérieuse admonestation à l'arrivée au département. DANGER. Très mauvaise initiative. Vous ne connaissez pas le désert. Il est facile d'y faire disparaître le corps de personnes tuées. Et, croyez-moi, c'est une commodité dont on ne se prive pas. Faire de l'auto-stop en Arizona. Une femme en plus ! Violée et assassinée. Ne répétez pas, je vous prie, pareille imprudence. Pour vous, pour nous, pour l'image du département.

Le professeur chargé de me faire la leçon parle le dos contre une affiche des châteaux de la Loire. Il s'exprime appuyé à la parfaite symétrie de leurs jardins séculaires. Des boules de buis, de part et d'autre de son crâne, lui encerclent les oreilles.

Il a raison, va enterrer un cadavre dans un jardin à la française sans te faire remarquer !

De toute façon, par respect de la symétrie, il est tout indiqué d'en enterrer deux d'un coup.

Une secrétaire me dit avoir reçu un appel pour moi. Elle a noté le message et le numéro à rappeler. Franck malade d'inquiétude – et de jalousie.

Qu'est-ce que tu vas chercher en Arizona ?

Les étudiants. Un groupe sympathique. Aussi intimidé que moi. Je déteste prendre la parole en premier. En l'occurrence, pas d'échappatoire.

Au lieu d'aborder tout de suite *La Vie de Marianne*, j'ai encore l'esprit tout empoissé du sang de l'accident et du cassage de gueules de mes voisins, je propose une réflexion sur la lecture. Ma nuit au Château m'a donné envie d'interroger : *Jusqu'où lire peut-il nous protéger du dehors ?* (Ma mère, qui n'aime pas lire et n'aime pas me voir lire, a bien saisi l'aspect *écran* de la lecture.)

Mais aussi, et c'est à considérer avec ce qui précède : *Comment lire nous ouvre le monde ?*

Et enfin, plus subtilement, en quoi, selon Roland Barthes, lire reviendrait à *réécrire le texte de l'œuvre à même le texte de notre vie ?*

Et, par un effet de boomerang, *Comment lire reviendrait à réécrire le texte de notre vie à même le texte de l'œuvre ?* À réécrire ? Non, à *écrire*. Cela, Roland Barthes ne le dit pas. Changer sa vie ne fut pas son souci. De plus, la manière de lire française produit rarement de la part du lecteur une révolution. Alors qu'aux États-Unis, lire, être bouleversé par une œuvre, d'Arthur Rimbaud, de Thoreau ou Gertrude Stein, veut dire changer sa vie. Habiter, aimer, écrire autrement.

Qu'est-ce que tu vas chercher en Arizona ?

Dans l'immédiat, une bicyclette.

Alors, je ne marcherai plus ?

Mais si ! Le supermarché le plus proche de Briarwood Apartments est accessible à pied. En prenant à travers désert.

Une dame pointe la direction.

Je traduis : Tout droit entre les cactus et songe, pleine de joie, *et si j'allais écrire le texte de ma vie à même le texte de l'Arizona ?*

Le cow-boy arrêté au feu rouge

J'ai enregistré la semonce : désormais, pour aller à l'université, je prends ma bicyclette. À mes côtés, arrêté comme moi à un feu rouge, un homme à cheval. Bottes, jeans, chemise à carreaux, chapeau de cow-boy. Il fixe le feu. Un cow-boy au temps du triomphe de l'automobile. Il m'ignore, mais entre sa monture et moi passe le courant d'une communication immédiate. Le cheval est conscient de ma présence et conscient de *qui je suis*. Ça se joue en un éclair, ces choses-là, et dans la réciprocité. Il abaisse la tête et, secouant légèrement sa crinière, me demande où je vais ainsi à pédaler.

– Faire un cours à l'université. J'enseigne *La Vie de Marianne*, l'histoire d'une enfant trouvée dans des circonstances épouvantables.

– La pauvre ! soupire le cheval.

Je vois, sous ses longs cils, ses beaux yeux bruns s'embuer de larmes. Ma mère était extraordinaire, a-t-il le temps de me confier, juste avant que le feu passe au vert et que son cavalier lui intime l'ordre de repartir. Je le quitte avec tristesse. Le son de ses sabots sur la chaussée me poigne du sentiment de nos solitudes.

Je donne mon numéro de téléphone : 881-7242, et mon adresse à la secrétaire du département : *Briarwood Apartments, # C4. 1300 E. Fort Lowell Road.* L'adresse me semble vaguement familière. Le soir, alors que je mange une salade d'épinards en lisant un livre de recettes indiennes et d'Arizona, je me rappelle que Fort Lowell Road est dans *Sur la route*… C'est la rue même où habite Alan Harrington, le copain de Kerouac, pour lequel dans leur virée il fait faire à Neal Cassady, conducteur aussi virtuose que dément, un détour. Le but est d'emprunter quelques dollars à Alan Harrington pour acheter de l'essence.

On a continué sur Tucson. Tucson est située dans l'ancien lit du fleuve où pousse la bouteloue, et dominée par la chaîne enneigée des Catalina. La ville n'est qu'un vaste chantier ; les gens en transit, turbulents, ambitieux, affairés, gais ; cordes à linge, caravanes ; au centre ville, rues populeuses chamarrées de bannières ; le tout très californien. Fort Lowell Road où habitait H. suivait les méandres d'une jolie rivière, bordée d'arbres, dans ce désert plat. On dépasse d'innombrables bicoques mexicaines, nichées dans le sable, à l'ombre, puis des maisons de torchis apparaissent, et enfin sur une boîte aux lettres rurale, on voit briller le nom d'Alan

Harrington, comme une terre promise. Harrington lui-même était perdu dans ses pensées au milieu de sa cour. Il était loin de se douter de ce qui allait débouler sur lui, le pauvre diable. Il écrivait, et il était venu en Arizona pour travailler en toute quiétude. C'était un grand type dégingandé, timide, un humoriste qui parlait indistinctement, sans jamais vous regarder, et vous disait des choses tordantes […]. *Harrington portait un vieux chandail de Harvard, et il fumait la pipe dans l'air vif du désert.*

Il y a aussi dans la cour de sable que ferment plusieurs constructions basses en adobe l'épouse indienne d'Alan Harrington avec un bébé dans les bras et la mère d'Alan, venue de Boston, une femme fan de poteries, de perles, de livres, et de tout ce que l'Arizona peut lui apporter. Neal Cassady se prend aussitôt d'envie pour la mère mais comme Harrington devait aller voir John, un copain qui habite un ranch dans un canyon, il propose de venir avec lui. Tout le monde quitte la ville, qui alors n'arrêtait pas de se perdre dans le désert. Arrivés chez John, Kerouac a juste le temps d'admirer la grande baie vitrée ouvrant sur un paysage d'herbes et de broussailles, avant de se jeter sur une bouteille, pendant que Neal Cassady veut faire goûter à John le frisson de rouler à plus de cent cinquante à l'heure. Il a évité de justesse réverbères et cactus et ramène John les jambes en coton. Ensuite, la party s'embrouille à plus de cent cinquante à l'heure sur un rythme de be-bop. Neal couche avec la femme de John, John avec celle de Cassady. Kerouac et Harrington boivent tout ce qu'ils peuvent, les humeurs tournent à la violence.

John jaillit de la maison, enfourche un cheval, mais le cheval, trop vieux, regimbe à prendre le galop. *C'est le cheval qui fait les frais de notre folie*, déclare à la lune Kerouac, la tête dans la bouteloue. John tombe dans un coma éthylique, son épouse prend une douche, Luane enlace Neal, qui se souvient d'un coup qu'il l'adore. Il court vers la voiture, Luane accrochée à ses hanches, et va pour démarrer en trombe. Kerouac et Harrington utilisent le peu de réflexes qui leur reste pour lui crier de les attendre.

Reste seul dans la prairie le cheval revenu de tout.

Le cheval qui n'arrête pas de faire les frais de la folie des hommes.

Retour à Fort Lowell Road devant la boîte aux lettres, les bosquets de mesquite jaunes, et les maisons basses occupées par l'épouse de Harrington et leurs enfants, par sa mère, et par le père de l'épouse, plus une tripotée de cousins indiens. *Là-bas*, écrit Kerouac, *les au revoir ont été brefs. « Charmante soirée », a dit Harrington sans nous regarder. Derrière les arbres, sur le sable, une grande enseigne au néon luisait rouge. C'était un bistrot de bord de route, où Harrington allait boire une bière quand il en avait assez d'écrire. Il se sentait très seul ; il avait envie de rentrer à New York. C'était triste de voir sa haute silhouette s'éloigner dans le noir, comme celles de New York et de La Nouvelle-Orléans : elles se dressent incertaines, sous ces ciels immenses, et tout se dissout autour d'elles. Où aller ? que faire ? à quoi bon ?...* plutôt dormir.

Harrington leur a filé cinq dollars avant les ravages de la fête. Ils vont pouvoir reprendre leur dérive en accéléré direction le Mexique. Harrington est celui qui s'est fixé. Le copain qu'ils (Kerouac, Ginsberg, Burroughs) méprisent parce qu'il a fait le choix de la stabilité, dans son home de Fort Lowell Road. Parce qu'il a pensé qu'il lui fallait, pour écrire, de la tranquillité.

En fait, non, Kerouac ne le méprise pas. Au contraire, se fixer, fonder une famille revient comme un leitmotiv de la vie souhaitée, et inaccessible.

Il a ce rêve : acheter un ranch dans le Colorado, au pied des montagnes, se retirer des beuveries avec la bande, avec ses amis que, par instinct maternel et antisémitisme, sa mère, qu'il appelle « mémère », juge d'une dangereuse influence. Elle l'a prévenu que si Ginsberg osait s'approcher de leur maison elle appellerait la police.

Que la seule rue de Tucson mentionnée dans *Sur la route* soit aussi ma rue me dilate de joie. Comme si par cette infime coïncidence, par ce hasard objectif, mon séjour ici pouvait s'articuler avec mon roman fétiche.

Là-bas, c'est-à-dire, *ici*. Le décor champêtre, arbres et rivière, qu'est-il devenu ?

Il flotte dans l'air telle une nostalgie.

Et Alan Harrington ?

Il n'est pas l'auteur d'un livre aussi révolutionnaire que *Sur la route* et n'a rien vécu de la célébrité tapageuse de ses amis de la côte Est, mais de façon discrète, dans sa modeste maison d'adobe, il a cultivé un humour noir et écrit un livre fou : *The Immortalist*. À partir du constat de la mort de Dieu triomphalement proclamé par la philosophie du XXᵉ siècle, Harrington conclut que les hommes ont perdu tout espoir en une immortalité *post mortem*. Pour satisfaire ce désir impossible à supprimer, ils doivent maintenant s'en remettre à leur seule ingéniosité, à leurs progrès scientifiques, à leurs innovations en médecine : *Death is an imposition on the human race, and no longer acceptable. Men and women have all but lost their ability to accomodate themselves to personal extinction ; they must now proceed physically to overcome it. In short, to kill death.* La mort, ce poids écrasant sur la race humaine, est désormais inacceptable. Les hommes et les femmes ne supportent absolument plus de se résigner à une extinction personnelle ; ils doivent s'attacher à physiquement la surmonter. Bref, à tuer la mort.

The Immortalist sort en 1969, l'année de la mort de Kerouac.

Faute de réussir personnellement à tuer la mort, Harrington va se contenter d'essayer de vivre longtemps. Sans doute continue-t-il d'avoir des bouffées de manque de New York et des nuits sauvages de l'East Village, mais il a appris à aimer Tucson, à s'identifier au silence et aux ciels du désert. À s'obstiner sur ses pages.

Je le croise peut-être quelquefois sans le savoir.

Il y a devant ma fenêtre un jeune eucalyptus dont certaines feuilles sont abîmées par une maladie. Défaut titillant comme la dent noire du séducteur de Kierkegaard.

28 janvier

Il fait un vent très fort. La piscine est agitée de courtes vagues. Elle se creuse de tourbillons de clarté. Ce n'est pas encore aujourd'hui que je vais expérimenter un bain de nuit ; de toute façon, il ne fait pas assez chaud.

Ce soir, je vais danser au Wildcat Club, sur 3rd Street, un petit temple protestant, désaffecté, converti en bar-dancing.

Les deux filles blondes en jeans et chaussures à hauts talons qui se décrochent les hanches avec brusquerie. Elles ont des corps à angles durs.

Le cinéma ancien, The Loft, au deuxième étage d'un immeuble en décrépitude, où je vais voir jouer *Le Fantôme de l'Opéra*. J'adore le film, et la salle de cinéma, l'escalier en colimaçon, les sièges en bois, le parfum de pop-corn. Aller au Loft, c'est comme aller rendre visite à un vieux magicien.

Downtown. Charme puissant. Nostalgique.

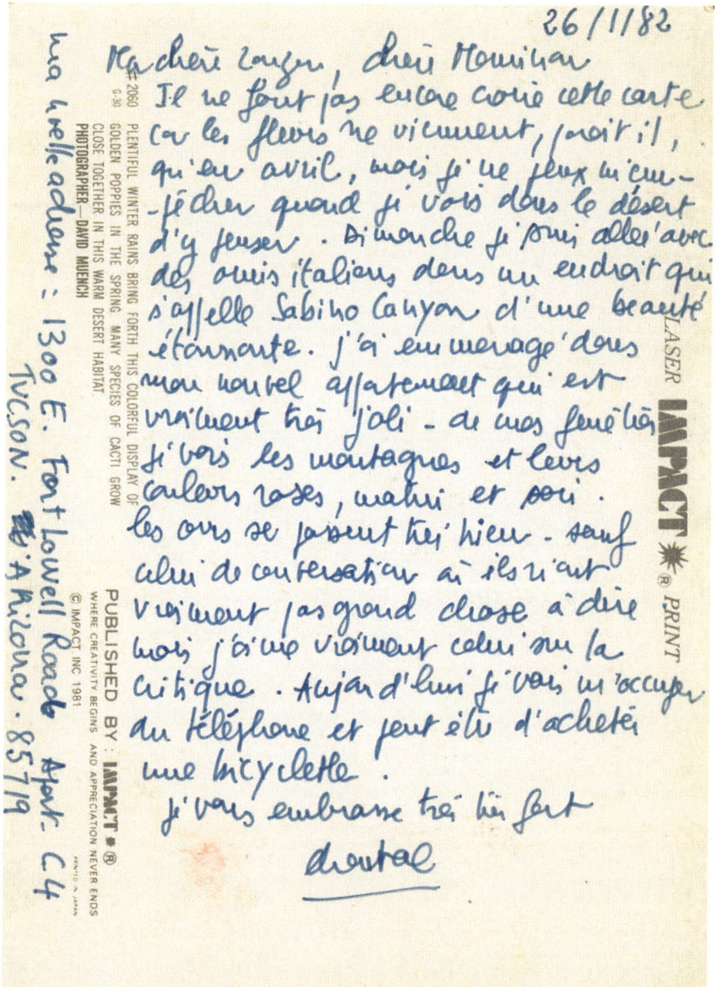
26/11/82

Ma chère Langue, chère Mounikar

Il ne faut pas encore croire cette carte car les fleurs ne viennent, paraît-il, qu'en avril, mais je ne peux m'empêcher quand je vois dans le désert d'y penser. Dimanche je suis allée avec des amis italiens dans un endroit qui s'appelle Sabino Canyon d'une beauté étonnante. J'ai emménagé dans mon nouvel appartement qui est vraiment très joli - de mes fenêtres je vois les montagnes et leurs couleurs roses, mauve et gris. Les cours se passent très bien - sauf celui de conversation où ils n'ont vraiment pas grand chose à dire mais j'aime vraiment celui sur la critique. Aujourd'hui je vais m'occuper du téléphone et peut être d'acheter une bicyclette.

Je vous embrasse très très fort

Chantal

ma nouvelle adresse : 1300 E. Fort Lowell Road Apt. C4 TUCSON. Arizona. 85719

#2060 G-30 PLENTIFUL WINTER RAINS BRING FORTH THIS COLORFUL DISPLAY OF GOLDEN POPPIES IN THE SPRING. MANY SPECIES OF CACTI GROW CLOSE TOGETHER IN THIS WARM DESERT HABITAT.
PHOTOGRAPHER—DAVID MUENCH

PUBLISHED BY: IMPACT ®
WHERE CREATIVITY BEGINS AND APPRECIATION NEVER ENDS
© IMPACT INC 1981
PRINTED IN JAPAN

LASER IMPACT ® PRINT

Carte adressée à ma mère et à ma grand-mère,
ainsi que les suivantes.

Dans Tucson balayé par une tempête de sable, j'ai l'image persistante d'une fille nue, comme empalée sur la selle de sa bicyclette. Elle pédale à une vitesse folle, soit qu'une fureur érotique la possède, soit qu'elle va dans le sens du vent.

La lumière éclatée qui précède les tempêtes.

Je continue de lire *La Vie de Marianne*. Plaisir de regarder tomber la pluie sur l'eau de la piscine. Marianne poursuit avec entrain la chaîne de ses malheurs. Le maillon originel, l'accident qui la fit orpheline, elle l'écarte d'une formule : *Heureusement je n'y étais pas quand il m'arriva ; car ce n'est pas y être que l'éprouver à l'âge de deux ans.* L'enfance comme absence. Après quoi, en revanche, pour ce qui lui arrive, *elle* y *est*, et réagit avec un maximum de rapidité et d'habileté. Et elle a intérêt. Étant sans parents nobles, c'est-à-dire selon les critères de l'époque, sans naissance, mais aussi tout simplement sans parents, la mort de sa nourrice, la sœur du curé du village, la précipite dans le dénuement, proche de se retrouver à mendier dans les rues de Paris. « L'aimable enfant », ainsi qu'on l'appelait au village, dégote un protecteur, un tartuffe dont elle pressent les intentions, mais il lui faut ruser, prendre au pied de la lettre ses démonstrations d'amitié, ses déclarations de piété. Elle n'a pas le choix. *Je me souviens qu'il me questionnait beaucoup dans le chemin, et que je lui répondais d'un ton bas et douloureux. Je n'osais me remuer, je ne tenais presque point de place, j'avais le cœur mort.*

Cœur mort me chavire.

Serait-ce d'avoir le cœur vivant la clef de toute chose ?

Après l'averse, une large bande bleu turquoise strie le ciel. Des rayons percent le rideau des nuages, se dessinent, irradient.

J'ai envie de sortir découvrir la ville.

El Con Mall. J'aime les jours où je vais au Centre marchand (Marketing Center) El Con. Les hommes attendent en fumant dans la voiture pendant que les femmes font des achats. Des adolescents traînent dans les galeries réfrigérées. On vend des jus d'orange abominables. Trop sucrés, avec des cristaux de glace qui endolorissent les gencives. Moi aussi, j'ai plaisir à traîner dans les galeries.

Bottes western. En cuir, aux talons épais et légèrement introvertis (à comparer avec le talon Louis XV). Je les dénigre d'autant plus que j'en meurs d'envie.

J'attends un moment pour voir si personne ne s'achètera les hautes bottes en serpent gris blême exposées dans un angle de la vitrine. Il émane d'elles un pouvoir venimeux qui rend difficile de penser que l'on puisse les acheter *en même temps et du même geste* qu'un foulard ou un chapeau. Je parcours du regard tous les vêtements très vite, comme si je cherchais quelque chose de précis, alors que j'ai déjà trouvé les bottes de mon désir mais que je ne me décide pas à les acheter.

Je quitte le magasin le moral au plus bas.

Le moral dans les chaussettes.

Mais la déréliction totale, c'est, encore une fois, l'autobus manqué au coin de Country Club et de Broadway. Je cours pour faire signe au conducteur, car un bus de manqué égale au moins quarante-cinq minutes d'attente.

En vain.

Je marche d'El Con à l'arrêt suivant. Tombée du soir. Beauté particulière des palmiers quand ils sont pris dans la nuit. Silhouettes émouvantes.

Un groupe de teenagers s'entraînent militairement au bout d'un parking.

Les gens à lunettes jaunes. De surcroît chauves le plus souvent. Quel rapport ?

Février

Rêve. Je me présente chez le pape avec Sandra. Je tiens à la main une carte postale du genre carte d'anniversaire colorée de jolies couleurs. Il s'agit en réalité d'une carte qui annonce mon mariage avec Peter. Le pape me félicite. Arrivent des gens qui trouvent cette carte « snob ». Je dis : Autant vouloir chasser Marcel Proust pour garder Guy des Cars. Sandra approuve avec véhémence. Nous nous apprêtons à quitter la pièce maintenant emplie de jeunes mariés. Le pape annonce d'une voix professorale :

Chapitre des carnets de chèques

Les nouveaux mariés tendent une oreille disciplinée. Je sors avec Sandra.

Rêve. J'ai beaucoup de choses à déménager. J'en fais un tas. Je mets une partie dans un caddy que je laisse dans la rue et pars faire un tour. Quand je reviens, mes affaires sont volées. En suivant un petit garçon j'aboutis aux voleurs : une pièce nue avec un distributeur de

Coca-Cola. Il ne reste quasi rien de mes affaires. Qu'est-ce qu'on en a fait ? Un type me dit qu'on les a brûlées. Je suis folle de rage. Mais je n'arrive pas à l'exprimer, à la hurler dans toute son ampleur (même en rêve je n'arrive pas à me mettre en colère). Je demande poliment à un passant de casser la gueule au voleur. Il élude.

Fragment d'un autre rêve, vers l'aube. Mon sexe recouvert d'une épaisse couche de mousse blanchâtre solidifiée. Je la décolle délicatement. Picotements plaisants.

À sept heures du matin, fumée légère sur la surface de la piscine.

Je bois un café et sors tâter l'eau. Elle est vraiment fraîche. Je croise un vieux monsieur à l'air strict, nez inspecteur et mains dans les poches. Il se demande et me demande si ce mur blanc a été repeint depuis hier. Comme je ne l'ai connu que d'un blanc irréprochable, c'est difficile à dire. Je pense au tableau de Malevitch : *Carré blanc sur fond blanc.*

En est-il pour ce monsieur, que j'ai déjà croisé plusieurs fois dans le jardin, nez inspecteur et mains dans les poches, de même pour le cours de sa vie : Comment distinguer aujourd'hui d'hier ?

Un matin à Paris, rue de Marignan, jetés pêle-mêle sur un trottoir, des pots de peinture, des bouts de chiffon, des livres. Se détachait un grand cahier à couverture cartonnée. Je l'avais pris, ouvert à la première page et j'avais lu, en lettres noires :

MA VIE. MON ŒUVRE.

Le reste était vierge.

Carré blanc sur fond blanc.

Rêve. Avec Michael. Désir. Je l'embrasse. Impression de ne jamais l'atteindre et que j'ai à traverser d'innombrables voiles de salives.

Aujourd'hui, Sabino Canyon Recreation Area, au pied des monts Santa Catalina, en compagnie de Chiara, son mari et leurs trois enfants, un garçon et deux filles. Les sorties familiales me dépriment.

Je me sens oppressée, alors que les moments en tête-à-tête avec Chiara, dans un café ou au Country Club sont agréables. Elle y est une femme différente, déliée, pleine d'humour. Comme mes amies de lycée avant qu'elles ne rencontrent leur premier amour.

Tucson Country Club. Le sauna. La lumière bleue de la piscine intérieure. Chacune dans ses pensées : Chiara qui songe à son père, un Italien, esthète, qui désapprouve son mariage américain. Moi qui pense à Franck : Est-ce que je l'aime ? Oui. Est-ce que j'aime son programme d'existence ? Non. Je crois l'entendre : Tu as trente-sept ans, c'est le moment pour avoir un enfant.

Trente-sept ans. Horloge biologique, on ne plaisante pas avec ça.

Horloge biologique, carillon panique... J'ai beau tendre l'oreille, je ne perçois rien.

La nudité des femmes. Tout absorbées par le soin d'elles-mêmes. Elles vont et viennent d'une salle à l'autre, passent sans les voir devant des écrans de télévision géants sur lesquels s'agitent en continu des joueurs de base-ball géants.

Érotisme diffus. Une buée.

Au Tucson Country Club je baigne dans le bien-être tout en respirant un parfum du temps. D'où un bien-être amélioré.

– *Que pensez vous du club ? questionna-t-il à son tour.*

– *Je ne pensais pas le trouver si luxueux.*

– *Il y a mieux. Au* Country Club, *par exemple, on trouve un golf, plusieurs tennis, une magnifique piscine.* (*Maigret et le coroner*, dialogue entre un policier américain et l'inspecteur Maigret.)

Le Country Club avait été fondé en 1947. La même année où Simenon, séduit par la couleur violette au soir des monts Santa Catalina, a envie de s'arrêter à Tucson. Il écrit *Maigret et le coroner* en dix jours dans le mois de juillet 1949. À cette époque Kerouac multiplie les voyages en stop. Dans la moiteur du sauna, parmi les silhouettes un peu fantômes de toutes ces femmes nues, cela m'amuse d'imaginer une rencontre entre Kerouac et Simenon dans un des bars de la ville. Ou au Country Club, pourquoi pas ? À supposer qu'on y laisse entrer Kerouac. Vu son allure et sa tenue, c'est impossible. Simenon aurait plus de chances s'il faisait l'effort de s'intégrer à la « bonne société » de Tucson. Ce qu'il ne fait pas. Il se fond dans le paysage mais n'appartient à aucun club.

Simenon a quarante-sept ans, Kerouac vingt-sept. Tout les sépare : le rapport à leur mère, à l'alcool, aux femmes, à la progéniture, à l'argent, aux voitures, aux vêtements, aux excitants, sans oublier l'écriture.

Ou bien, Simenon prend Kerouac en stop au sortir de Tucson. Simenon s'exprime difficilement en anglais, Kerouac lui cause en joual.

Kerouac n'a pas de but précis. Où aller, que faire, à quoi bon ?

Simenon, si. Un bordel à Nogales.

La motivation du crime dans *Maigret et le coroner* est le constat par Simenon, ou par Maigret, qu'il est difficile sinon impossible pour un célibataire de trouver à baiser à Tucson. Il ne s'agit pas d'un problème personnel. Simenon a alors chez lui, dans son hacienda ouvrant sur le désert, trois femmes sous la main, son épouse, Tigy, sa secrétaire et future épouse, Denyse, et sa cuisinière, Boule.

Simenon énonce un autre constat, profond, sur la misère non pas sexuelle mais matérielle.

Mais, peut-être, ce qui change le plus de couleur au-delà des frontières, est-ce la misère ? Celle des quartiers pauvres de Paris, des petits bistrots de la Porte d'Italie ou de Saint-Ouen, la misère crasseuse de la Zone et la misère pudique de Montmartre ou du Père-Lachaise lui étaient familières. La misère définitive des quais aussi, celle de la place Maubert ou de l'Armée du salut.

C'était une misère que l'on comprenait, dont on pouvait retrouver l'origine et suivre la progression.

Ici il soupçonnait l'existence d'une misère sans haillons, bien lavée, une misère avec salle de bains, qui lui paraissait plus dure, plus implacable, plus désespérée.

Kerouac, débraillé, mal lavé, qui a dormi dans le désert, est un vivant démenti aux généralités sur la misère américaine, et s'ils trouvent tous deux moyen d'aller plus loin dans l'échange, s'ils en viennent à causer but de l'existence et que Kerouac déclare qu'il est un clochard, un écrivain-clochard, voilà sa vocation, alors dans le regard froid de Simenon passe une lueur d'incrédulité.

8 février

Dîner à l'Arizona Inn avec Inga. Nous sommes toutes les deux très habillées. Célébration en soi, sans motif extérieur. Inga me dit que dans des maisons construites en plein désert, sans aucun vis-à-vis donc, des gens se font construire des salles de bains transparentes. Ça fait rêver, surtout pour qui a connu les chambres de bonne à Paris, avec eau sur le palier.

L'Arizona Inn. Parmi les quelques lieux parfaits du monde.

Après une scène au téléphone avec Franck, nuit de cauchemars. J'ai de la fièvre et mal à la gorge (sensation de gorge sèche et douloureuse en faisant du vélo hier). Images où reviennent la mort de Roland Barthes, le choc dans l'instant de son accident, et des angoisses de guerre : Thierry me déclare qu'il va s'engager. Je lui dis quelque chose comme : Pourquoi vouloir aller à la rencontre de la mort ?

Je me réveille terrifiée à trois heures du matin. Je me demande si c'est une bonne heure pour appeler mon frère, lui pour qui entrer dans l'armée est la dernière des choses imaginables... Et me rendors vers un autre rêve :

Un cours de Claude Lévi-Strauss. Exceptionnel. Dans les gradins toute l'intelligentsia française. Philippe Sollers, une trompette aux lèvres, passe entre les auditeurs en jouant du jazz (souvenir d'une soirée à New York, au Blue Note dans Greenwich Village). Il s'arrête devant moi, toujours trompette à la bouche, et en inspiration jazzée. Je suis nue. Je me vois lisse et bronzée. Un peu comme une silhouette égyptienne.

Tôt le matin, et toute la journée, il pleut à verse.

Mountain Avenue transformée en rivière.

Des limites du plaisir de la bicyclette.

J'ai cours de conversation et pas envie de causer.

J'ai choisi de Baudelaire, le poème en prose *Le Mauvais Vitrier*. Un éloge de l'impulsion « mystérieuse et inconnue », de la rage soudaine, qui vous pousse, par exemple, à mettre en miettes la marchandise d'un vitrier ambulant : *Comment ? vous n'avez pas de verres de couleur ? des verres roses, rouges, bleus, des vitres magiques, des vitres de paradis ? Impudent que vous êtes ! vous osez vous promener dans des quartiers pauvres, et vous n'avez même pas de vitres qui fassent voir la vie en beau !*

Pas de vitrier ambulant aux États-Unis. Voitures ambulantes : les marchands d'*ice cream* Mister Softee et Good Humor. Petite musique.

Ce fait divers, à Boston, dans un gratte-ciel récemment construit : vitres trop petites par rapport aux cadres. À la première tempête : les panneaux s'envolent. Effroi des passants. Ils courent, menacés d'être décapités par la chute de verre.

Je suis d'humeur à imaginer des horreurs.

La conversation ne prend pas : la méchanceté gratuite du poète briseur de verre, suivie de cette terrible erreur de calcul d'un architecte, ne délie pas les langues. La méchanceté gratuite est mal vue. La méchanceté même peu reconnue.

Je suis dans le pays de l'attaque frontale, et dans l'empire du Bien. Ce que tous les films sur le Far West illustrent.

Pouvoir de Franck sur moi : me brancher sur une souffrance aux aguets. Me coincer le cœur. Et je ne sens plus rien que cette peine qui annule tout autre sentiment et, par conséquent, la présence des autres, l'éclat du monde.

Parce qu'il est lui-même si doué pour souffrir, il a ce sixième sens : détecter la faille chez autrui.

Au restaurant, les deux amis (amants ?), veste capuchon de coton, pantalons informes, qui cherchent à deviner combien il y a de poissons rouges dans l'aquarium pour gagner un voyage à Guayama (Porto Rico).

Dans mon « complexe », sur les courts éclairés, deux étudiantes jouent au tennis. Le bruit des balles contre les raquettes, leurs exclamations et rires produisent une composition musicale vivifiante.

Je me fais une tisane, m'allonge à côté de la poupée du Colorado juchée sur un coussin.

Et le corps de Marianne ? Il est sous cloche. En grande impatience de courir jambes nues sous une jupette de tennis. Marianne a été placée comme apprentie chez une marchande de linge. Le tartuffe lui a procuré cet asile, dans l'attente de réaliser son plan : l'enfermer dans un appartement tenu par un couple bourgeois irréprochable et où il aurait tout loisir de venir la visiter. Aménagement agrémenté d'une modeste rente. Mais avant cela, avant la mise en cage, il lui a fait cadeau d'une robe. Le jour où elle la reçoit compte parmi les jours décisifs de son destin. Elle ouvre le paquet avec la fille de boutique : *À cet aspect, Toinon et moi nous perdîmes d'abord toutes deux la parole, moi d'émotion de joie, elle de la triste comparaison qu'elle fit de ce que j'allais être à ce qu'elle serait. Diantre ! il n'y a rien de tel que d'être orpheline*, se dit Toinon, tandis que Marianne s'habille. Ses mains tremblent. Il lui prend des palpitations. Mais où va-t-elle donner à partager la déflagrante révélation de sa beauté ? Marianne a quinze ans, nul lieu où s'aventurer seule, alors où va-t-elle porter ses charmes ? À l'église bien sûr. Son unique possibilité de sortie. Au premier coup d'œil sur l'inconnue, les femmes, qui se tenaient les unes aux autres dans des rapports de rivalités tolérables, évaluent l'événement à sa juste mesure : un désastre. *J'arrive, on me voit, et tous ces visages ne sont plus rien, il n'en reste pas la mémoire d'un seul.* Il n'y a plus que le sien, vers lequel un jeune homme est aussitôt attiré. Elle, de même. Ils entament tous deux par le jeu des regards et dans la fièvre de leurs corps faits pour s'aimer une danse invisible de lévitation. Le prêtre psalmodie, les cantiques résonnent, Hosanna au plus haut des cieux ! Marianne en déchire son mouchoir de dentelle. La messe hélas prend fin. *Ite missa est.* Marianne s'en va, avec un cœur à qui il manque quelque chose et qui ne sait pas ce que c'est. Elle est si troublée qu'elle n'entend pas le tintamarre d'un carrosse dans son dos ni la voix du cocher : GARE ! GARE !

La poupée du Colorado sursaute, *Marianne va mourir*, dit sa bouche en forme de cri.

Non ! Marianne a réagi à temps. Elle a fait un bond de côté, mais, dans sa hâte, est tombée et n'arrive pas à se relever. Un premier accident de carrosse lui a enlevé ses parents, un deuxième manque de la tuer. Serait-ce que la femme ensanglantée continue de peser sur elle et cherche de tout son poids à l'entraîner vers la mort ? Peut-être. En tout cas, Marianne se révèle, encore une fois, plus forte qu'elle. Ce deuxième accident, loin de la tuer, a un côté porte-bonheur, puisqu'il s'avère que le maître de l'équipage n'est autre que le jeune homme de la grand-messe. Marianne sera conduite chez lui, dans son hôtel particulier. Et ce sont à nouveau mille élans, retraits, et gestes de délicatesse. Le chant d'amour reprend, un ton plus bas, plus assuré aussi, malgré les contraintes de la situation, ou plutôt grâce à elles. Marianne souffre du pied : *Je fis quelque difficulté de le montrer, et je ne voulais ôter que le soulier ; mais ce n'était pas assez [...]. Quand mon pied fut en état, voilà le chirurgien qui l'examine et qui le tâte. Le bonhomme, pour mieux juger du mal, se baissait beaucoup, parce qu'il était vieux ; et Valville, en conformité de geste, prenait sensiblement la même attitude, et se baissait beaucoup aussi, parce qu'il était jeune ; car il ne connaissait rien à mon mal, mais il se connaissait à mon pied, et m'en paraissait aussi content que je l'avais espéré.*

La poupée du Colorado est haletante, ses tresses de laine me chatouillent la nuque.

Je me lève, prends un sorbet citron dans le réfrigérateur et sors respirer la nuit.

Samedi

Rêve. Je couche dans un vaste appartement mexicain, en plein désert. Assez délabré, et abandonné. Je me réveille horrifiée car j'ai aux deux poignets et avant-bras des insectes à la carapace noire incrustés dans la chair.

Dimanche

Proximité de Franck, hier au téléphone. Sa voix qui m'apporte la certitude que quelqu'un se tient là-bas, sur la côte Est, qui m'aime.

Difficulté, antipathie que j'ai à me laisser aimer. Je n'arrive pas à intégrer la conscience d'être aimée à mon envie de vivre. J'ai peur qu'elle joue comme une entrave. Qu'elle joue contre moi.

International call : le souffle qui traverse l'Océan avant que s'entende un bonjour de ma mère : Hello darling !

Rêve. Je marche dans un désert. Crête d'une dune. J'ai laissé ma serviette et mes affaires en haut de la dune. L'horizon s'assombrit. Je voudrais rejoindre ma serviette pour me protéger, mais c'est trop tard : je suis attaquée par des poissons volants. Le sol est une couverture sous laquelle j'essaie de me glisser pour me protéger.

Noms de plantes et de cactus. Leurs mœurs.

J'ai de la chance : c'est une année où les cactus vont fleurir.

Bicyclette. Comme pour *Dionysos* : j'ai toujours, au moment d'écrire ces mots, une incertitude sur la place du y. Ce n'est pas un hasard, il y a quelque chose de dionysiaque dans mon amour de la bicyclette.

À nouveau la pluie. Le sol ne se laisse pas imbiber. Les canyons sont inondés. Des cas de noyades. Comme en Afrique du Nord, mort d'Isabelle Eberhardt. Extraordinaire Isabelle Eberhardt.

Style de morts en Arizona.

Travaillez pendant que vous avez encore la lumière (saint Jean).

Je ne fais rien en dehors de mes cours, je n'écris rien d'autre que mon journal, mais je regarde énormément la lumière. Celle du jour, celle des étoiles. Des ciels comme je n'aurais jamais cru cela possible.

Les endroits propices aux rêves (et l'Arizona en fait partie, peut-être parce que la force des paysages a quelque chose d'onirique, ce pourquoi Max Ernst avait adoré y construire sa maison, y vivre, cette étrangeté était pour lui pays de connaissance) sont aussi ceux où s'apprécie le mieux le plaisir de lire la nuit.

La nuit à Tucson. Elle s'accroît, se densifie de l'immensité des ténèbres sur le désert.

M. de Valville est fou amoureux, mais les mois passent. Le pied nu entrevu ne suffit plus. M. de Valville se lasse. Il trahit Marianne pour une camarade de couvent, une Franco-Anglaise de famille noble. À croire que, sous la robe magnifique, il n'a jamais cessé de percevoir les hardes.

C'est évanouie, l'air d'une morte, que Mlle Varthon s'empare des sens et du cœur de M. de Valville. Elle est délacée. Il se penche pour lui administrer un élixir. Dans son *empressement*, quasi couché sur elle, il saisit une de ses mains. La malade reprend conscience, Valville ne bouge pas. *Levez-vous donc, Monsieur ; voilà qui est fini, Mademoiselle n'a plus besoin de vos secours.*

– *Cela est vrai, me répondit-il comme avec distraction, et sans ôter les yeux de dessus elle.*

La poupée du Colorado a envie de pleurer. Elle a été délaissée, elle aussi. Jetée à la rue. Elle sait ce que Marianne endure. Mais qui n'a pas été délaissé ? Qui ne comprend pas la tragédie de Marianne ? Un regard adorateur qui soudain se détourne et *ne peut plus* vous voir. À votre place, il n'y a personne.

M. de Valville ne *tombe* amoureux que de femmes déjà tombées, accidentées, malades, misérables.

Moi qui ne me suis jamais évanouie, j'ai dans mes rêves l'évanouissement voluptueux.

Je me réveille fatiguée, fiévreuse. Aller à bicyclette jusqu'à l'université m'épuise. Heureusement, il s'agit du cours sur la littérature du XVIIIe siècle, mon cours préféré, et la présence de la plupart de mes étudiants m'est vraiment agréable : Amy et son nez écorché par une branche d'arbre, Anna qui parle français avec des intonations et un rythme mexicains, Ruby qui est fanatiquement pieuse (ce qui commence à me peser), Lenny qui voudrait changer de vie mais ne sait par quoi débuter, Elizabeth pour qui chaque mot de français lu ou prononcé déclenche des myriades d'images de Paris, tel qu'elle brûle de s'y rendre, pendant les cours elle tient serré dans sa main un dictionnaire anglais-français, comme un talisman, elle croit au français, Diego, jeune enseignant dans le département d'espagnol, à la présence épisodique, un peu mystérieuse, mais qui écoute avec une attention extrême. Il a une façon d'entrer dans la classe, de choisir une place près d'une fenêtre, de s'installer, qui évoque le spectateur de théâtre ou l'habitué de concerts. Il arrive en avance. C'est ainsi que nous échangeons quelques mots et que j'apprends qu'il se porte volontaire pour un exposé sur Sade. Il est bien le seul. D'ailleurs, je n'ai pas l'intention de m'attarder sur le marquis. J'ai bien senti l'atmosphère moralisante de l'État et je ne souhaite pas m'enfoncer dans une suite de justifications et malentendus. Il y a aussi Vicky, une enseignante du département de *Women Studies*, une spécialiste des journaux intimes de pionnières. Nous sympathisons : les vies de Marianne, de Louison, d'Adélaïde au XVIIIe siècle en France ; les vies de Jane, Elisa, Penny au XIXe siècle dans l'Ouest américain. Des vies terribles, en perpétuelle menace de destruction. Nous comparons les armes dont elles disposent : pour Marianne, *la coquetterie*, ou la rapidité à devancer le désir de l'homme.

Pour Calamity Jane, *un fusil*, ou la rapidité à tirer plus vite que l'adversaire.

Vicky prend la parole pendant mon cours et m'accuse d'être trop fusionnelle avec le texte, au lieu de fournir aux étudiants des instruments de critique : textuels et politiques. Elle a raison : seul ce que j'aime me donne envie de penser. Je lui propose de le faire elle-même dans un exposé.

Je pense aux larmes retenues de ma poupée de chiffon.

Vicky a grandi dans une famille ouvrière dans le nord de l'État de New York. Ses études, sa bonne connaissance de l'italien et du français lui procurent une juste fierté, tout comme sa franchise à se déclarer homosexuelle. Arrivée à Tucson en septembre, elle a l'enthousiasme d'une pionnière. Elle a le nez droit, des cheveux courts, une gaieté communicative. Elle porte des bijoux en argent et turquoise fabriqués par les Indiens. Et ça lui va bien.

Le soir, et de très bonne humeur, je m'achemine à pied au supermarché. Entre les cactus. Il n'y a pas de chemin tracé, je ralentis de temps en temps pour examiner une fleur en bouton mais, dans l'ensemble, je garde la direction.

Appel de Valère [Novarina] de New York. Sa voix blanche. Unique.

La mer, le désert : deux extrêmes, passer de l'une à l'autre peut se penser, ou se vivre, comme un renversement mystique. Lui qui appartient à la montagne trouve en elle ses abîmes et renversements mystiques.

J'avais prévu de louer une voiture petite, maniable, blanche ou gris clair. J'achète une grande voiture noire, qui me tétanise. Une voiture de gangster, me dit un des garagistes.

Au dernier cours sur Marivaux, il y a une déception que le roman soit inachevé. C'était beaucoup d'efforts pour n'aboutir à aucune conclusion. Or, les conclusions rassurent. On ne sait pas si Marianne dira oui à l'offre d'un monsieur désireux de l'épouser pour la renommée de sa belle âme – une pause dans la survie par besoin de plaire, une mise entre parenthèses de l'esprit de coquetterie ? On ne sait pas. Marianne s'efface. Elle laisse la place à une autre femme, étonnante, Mlle de Tervire, devenue religieuse pour son désespoir. Celle-ci commence par déclarer : *Il peut y avoir plus affreux que de naître orpheline, c'est d'avoir des parents.*

Bien sûr que si, on sait, tente une voix en moi tandis que je développe l'idée contraire. Sur un ton affirmatif, en mode monologue, toute seule derrière ma table. Je me sens prisonnière de l'avancée de mon discours, sans pouvoir faire marche arrière, exactement comme quand je conduis. Je croise le regard de Vicky. Elle se retient pour ne pas me contredire en public.

Au Blue Willow.

Vicky est *hors d'elle*. Elle a souligné le nombre de fois où Marivaux emploie l'adjectif *petit* par la bouche de Marianne : « *petit* minois », « *petite* créature », « *petites* façons », « *petites* nippes de femme », « *les petites* choses que je vous dis », « je crois qu'il fut la dupe de ma *petite* finesse », etc. !!!, et recopié rageusement :

Nous avons deux sortes d'esprit, nous autres femmes. Nous avons d'abord le nôtre, qui est celui que nous recevons de la nature, celui qui nous sert à raisonner, suivant le degré qu'il a, qui devient ce qu'il peut, et qui ne sait rien qu'avec le temps.

Et puis nous en avons encore un autre, qui est à part du nôtre, et qui peut se trouver dans les femmes les plus sottes. C'est l'esprit que la vanité de plaire nous donne, et qu'on appelle, autrement dit, la coquetterie.

Pour compléter le dossier d'accusation elle a sorti de l'ombre le sort de la fille unique de Marivaux, mise jeune enfant dans un couvent de Normandie par son père devenu veuf. Faute de dot, elle y est restée toute sa vie.

Elle s'appelait Colombe-Prospère, d'après le prénom de sa mère : Colombe.

Mais le Blue Willow est un café qui nous plaît à Vicky et à moi. Et je n'ai pas envie d'entrer dans une discussion. Tu ne veux pas plutôt qu'on baye aux corneilles ? (une expression que Vicky adore.) Elle rit et fait signe au serveur. Une margarita pour moi, un martini pour elle. Qu'elle siffle en un éclair, alors que j'en suis encore à me demander s'il est mieux de laisser la rondelle de citron vert accrochée au rebord du verre ou de mordre dedans. Il fait doux. Nous avons posé par terre nos sacs bourrés de livres. Nous ressemblons à deux voyageuses, ce que nous sommes au fond. Je vais pour interroger Vicky sur ses recherches : Alors, les femmes pionnières ? Elle ne m'en laisse pas le temps, se prend le front entre les mains. Elle n'en peut plus ! Après une pause, elle me confie sa passion pour un jeune Indien balayeur à la cafétéria. Le coup de foudre. Il la pétrifie par sa beauté. Dès qu'elle l'aperçoit elle ne peut plus bouger. Ceci, juste après ses cours sur Monique Wittig. Elle en est *maladivement obsédée.* Excédée par son désir et se demandant quelle conduite tenir, elle dit : Je vais finir par tenir un journal.

Je me réveille angoissée à l'idée d'aller chercher ma voiture. Elle tombe en panne au croisement de Golf Links Road et Pantano Road.

L'étrangeté. Le désert. Je me rappelle les scènes de *Chinatown* de Polanski. Pendant une minute de panique, je crois avoir perdu les clefs de la voiture. Un type, surgi de nulle part, vient à mon aide. Il me dit qu'il a travaillé avec un certain Ewin. Mais que je ne dise surtout pas à Ewin, si je le rencontre, que nous nous sommes parlé.

Il a un drôle de sourire pour dire qu'il a travaillé avec Ewin. Je dis : Ne vous inquiétez pas. Je ne connais pas Ewin. Ça ne change rien, me dit-il. Toujours avec ce même sourire.

I bought a lemon, j'ai acheté un citron.

Des stickers *Société des amis du crime* collés sur les boîtes aux lettres de plusieurs collègues à l'université et aussi sur des panneaux d'affichage d'autres départements. Anxiété diffuse. Je scrute ma boîte aux lettres personnelle.

Pages d'Allen Ginsberg où il décrit des personnes entrevues dans la rue, dans un bar, au hasard de ses déambulations dans Manhattan. Il ne s'est rien passé entre ces anonymes et lui, ce n'est pas le début d'une histoire, mais il se les rappelle avec précision et elles continuent d'exister pour lui.

Quels sont les gens dont j'aimerais faire le portrait ici ?

Des rencontres d'arrêt d'autobus

Travailleurs mexicains, indiens, gens de maison, personnes âgées, paumés de divers horizons, saisonniers de mauvaise saison : ils représentent tous, d'être *sans voiture*, des largués du triomphalisme américain. Ils sont les inférieurs d'entre les inférieurs. S'il est vrai que le temps c'est de l'argent, les heures passées à espérer sous un soleil de plomb un bus qui ne vient pas devraient faire d'eux des millionnaires.

Vieux monsieur.

Dame en rose.

À un arrêt d'autobus, ce vagabond qui me dit (son père était haïtien, avant qu'il ne se barre, il lui causait en français) : Si on est marginal et qu'on tue quelqu'un pour avoir une gamelle qui bout, ça va ou ça va pas ?

– Ça va pas.

Il est agité et considère mon sac à dos violet avec avidité. Pourvu qu'il ne le prenne pas pour une gamelle qui bout !

J'oriente nos propos vers des thèmes plus généraux. Non selon un principe d'efficacité linguistique, comme dans le cours de conversation, mais selon celui d'une neutralisation des pulsions, comme dans les trajets en auto-stop.

Un désaxé, me dis-je, en alignant des banalités qui lui portent sur le système.

Enfin mon bus survient.

Désaxée, c'est l'effet que, sans tarder, je produis moi-même aux yeux des voyageurs et surtout du conducteur. Le collègue m'a précisément indiqué son adresse et l'arrêt auquel descendre, mais, sitôt hors de la ville, affolée par l'impossibilité de distinguer un arrêt désertique d'un autre, je tire de toutes mes forces à chaque arrêt… et ne descends pas. Au quatrième de mes coups d'arrêt le conducteur explose et menace de me foutre dehors. J'ai beau m'excuser, il ne se calme pas.

Tucson

Dimanche

Ma petite Zouzou, renée chérie,

je rentre juste d'une journée passée à me promener dans un canyon et je suis un peu "sonnée" par le grand air et le soleil. Je me sens incapable de me mettre à préparer mon cours pour demain, ce qui m'obligera à me lever très tôt demain - mais ça ne me gêne pas trop ici, une fois passées les quelques minutes pénibles bien sûr.. on a la consolation de voir se lever le soleil. et l'on se dit que cela valait la peine d'être brièvement grognon. J'ai cherché une carte qui représentait fidèlement Tucson, mais je crois que ça n'existe pas. Celle-ci bien que pas très réaliste (les building carrés mis en hauteur sont très très rares ici) a l'avantage de donner une idée assez juste du rapport entre la ville et la montagne visible de partout. Il y a toute une allure "jolie" qui est bien étrangère aux villes américaines...

Au revoir, bonne nuit..

je vous embrasse tendrement

Chantal

POST CARD

P319480

Petley

Plastichrome

Distributed by Petley Studios, 4051 E. Van Buren, Phoenix, Arizona

TUCSON, ARIZONA AT SUNDOWN

The sun to the west reflects against the downtown office buildings and the Catalina Mountains to the northeast.

Lorsque à nouveau, tremblante à l'idée d'une bévue supplémentaire, je tire sur le fil de signal, je m'attends à ce qu'il ne stoppe pas. Ce qu'il fait, puis se reprend et me dépose au pied d'un grand cactus saguaro. Un ancêtre, peut-être centenaire, qui en a vu beaucoup passer de ces gros cons de conducteurs de bus. Je me cale dans l'ombre filiforme du vieux sage. Un aigle plane au-dessus de ma tête.

Des rencontres de bars

Le type blond, ivre, dégoulinant de tendresse, qui me répète qu'il est introverti. Il a visité l'Espagne. Il a beaucoup aimé. C'est aussi beau que la Floride.

Un autre homme, petit, faciès de boxeur. Des bourrelets de graisse gondolent son pull en tissu éponge velours rouge. Yeux brillants. Pour que j'accepte son invitation, il me dit très vite qu'il a traversé l'allée pour venir m'inviter et que *je ne peux pas* sous les yeux de ses copains lui infliger l'humiliation d'un refus.

Il a beaucoup voyagé en Europe. Il adore. Aux États-Unis les villes qu'il préfère sont San Francisco et Atlanta surtout. Pour son aéroport (une ville qu'on aime pour la facilité à s'en échapper ?). *Atlanta, do you know it ?* Oui et non. Mes deux souvenirs. La petite Mexicaine adoptée par la prof américaine chez qui je logeais. Son prénom écrit en grandes lettres malhabiles et furieuses sur la porte de sa chambre. Elle ne supporte pas d'avoir été séparée de sa sœur, m'avait dit la dame. Le nouveau compagnon de sa mère et sa mère les traitaient, elle et sa sœur, en esclaves. Elle s'était gravement brûlée en transportant un plat d'huile bouillante trop lourd pour elle. Les deux sœurs avaient été retirées de chez leur mère. Elle seule avait été adoptée. Dans l'aéroport d'Atlanta (justement) sa petite main lovée au creux de la mienne.

Et la visite d'une salle de classe, comme « elles étaient autrefois » récitait le guide. Une salle avec un tableau noir et des tables en bois creusées d'un trou pour l'encrier. Une salle de classe, comme j'en avais fréquenté, enfant (un encrier à la place du trou dans le bois). Assis au premier rang, deux grandes poupées mannequins, un garçon et une fille, devaient aider les visiteurs à se représenter le reste de la classe morte…

J'écoute l'homme qui adore Atlanta me baratiner un moment, et puis je le prie de me laisser tranquille, il peut raconter à ses copains que nous avons un rendez-vous pour demain, comme ça pas d'humiliation. Il n'est pas convaincu, mais laisse tomber.

Parce que la baie vitrée ouvre sur le désert, parce qu'il s'agit d'humiliation masculine, parce que mon amour pour Sandra n'a jamais cessé, mais qu'au nom de l'infini du monde et de ses séductions j'ai refusé de m'en satisfaire, je nous revois toutes les deux, une nuit, à Djerba. Je revois la boîte de nuit, notre envie de danser ensemble. Un garçon était venu à moi, m'avait demandé de danser. J'avais dit non et je m'étais tournée vers Sandra. Il y avait une musique qui faisait tourner les corps, une musique de fête. Nous l'entendions et dansions en elle, mais en dépit de sa puissance elle ne nous empêchait pas de percevoir la chape de silence tombée sur nous deux, à l'intérieur de laquelle, en apparence libres de nous mouvoir et tendrement nous frôler, nous étions déjà victimes d'un décret de haine.

Nous nous étions éclipsées le plus discrètement possible. Sur le chemin de sable menant à notre hôtel, nous nous sommes crues sauvées, mais des voix avaient percé la nuit : des types nous suivaient. Alors nous nous étions mises à courir dans le noir. C'est peu avant la porte de la cour de l'hôtel que les premières pierres nous avaient atteintes.

Mars

J'ai, ce soir, envie de consulter les journaux écrits par des pionnières (me renseigner auprès de Vicky) et de lire des livres sur l'Ouest.

J'annote méthodiquement mon guide.

Entretien des piscines : piquer les feuilles mortes ou les papiers qui flottent. Repêcher un noyé (extraordinaire début de *Sunset Boulevard*).

La piscine comblée de terre et de graviers que me montre Mabel. En même temps, elle me parle de son divorce. Caractère épouvantable de son ex. Il faisait tout pour la dévaloriser, la blesser dans son amour propre et en présence de leur fils. Elle dit et redit : « *Mon* ex. » Revient avec masochisme sur ce possessif de malheur. Toute cette vie narrative qu'elle en tire.

Elle ne peut pas s'arrêter, de la même façon qu'elle ne peut pas s'arracher à la piscine devenue poubelle, la piscine dégueulasse. L'ex-piscine, aussi pourrie que son ex. Elle en détaille les déchets, repart sur son ex.

Après une tirade, elle me demande, sans transition : Tu n'aurais pas envie d'aller dans une boîte de strip-tease masculin ?

Pourquoi pas ?

OK. Je contacte mes copines et je t'appelle.

Le Consul se revoyait en surplomb du parapet, fixant des yeux la piscine d'au-dessous, petite turquoise sertie dans le jardin. Tu es la tombe où vit l'amour enfoui. Des reflets inversés s'y mouvaient d'oiseaux et de bananiers, de caravanes de nuages. À la surface flottaient des bribes de gazon frais tondu.

Tu es la tombe où vit l'amour enfoui, écrit Malcolm Lowry dans *Au-dessous du volcan.*

Tu es la tombe où meurt l'amour mort, pourrait clamer Mabel au-dessus de sa piscine de terre et de cailloux.

Rêve. Je conduis une voiture. Par lenteur ou manque de maîtrise, je suis embarquée sur les rails d'un train. Je vois la voiture en avant poussée par la locomotive.

Dans la vie réelle : je renverse à la suite les alignements de petits cônes mis dans une rue pour protéger une sortie d'enfants.

Relire Artaud.

Situer l'Arizona par rapport à une incantation perdue.

Les Indiens avant les conquêtes espagnoles et américaines. Aujourd'hui, l'extinction dans les réserves.

Artaud : « L'opération théâtrale de faire de l'or [...] évoque finalement à l'esprit une pureté absolue et abstraite, après laquelle il n'y a plus rien, et que l'on pourrait concevoir comme une note unique, une sorte de note limite, happée au vol et qui serait comme la partie organique d'une indescriptible vibration. »

En opposition, la frénésie de la ruée vers l'or signifie l'éventration de la terre, la fouille sauvage dans ses entrailles, les explosions.

Situer la civilisation moderne par rapport à une incantation et à une vibration perdues.

Artaud devenu fou d'être le Voyant,

D'être le seul parmi des fous d'inconscience à pressentir la catastrophe à venir.

Question d'une étudiante qui m'aborde dans la bibliothèque : Albert Camus n'était-il pas le neveu du secrétaire de Du Bellay ?

Impression de flotter quand je fais de la bicyclette. Pas envie de poser pied à terre.

Ce bonheur, par moments, m'advient en voiture. Si je décidais de rester ici, je réussirais peut-être à en faire mon quotidien.

Cours de conversation :

Mots bloqués dans ma gorge, avec les cédilles.

On dit : j'ai monté l'escalier mais je suis monté(e) à l'échafaud.

Très mauvais exemple.

5 *mars*

Rodeo Day. La petite fille blonde contre le mur, pâle et pauvre. Elle regarde le rodéo, très sage. Près d'elle, des petites Mexicaines beaucoup plus agitées. Les yeux en amande de l'une d'entre elles qui nous fixent avec curiosité. La même qui glisse ses mains dans une boîte à lettres.

Les cow-girls sur leurs chevaux. Elles prennent très jeunes l'habitude des paillettes roses.

L'hôtel Alabama « *ugly, but honest* ». En remontant la 4th Avenue on voit beaucoup de ces hôtels. Certains sont désaffectés.

Downtown Tucson : bizarre laideur, pas nécessairement honnête.

Voir texte de Sartre sur les villes américaines.

Dans la parade, les écolières : jeans, chapeaux de cow-boy et colt. L'assurance de leur démarche (plus tard, quelles jeunes femmes seront-elles ? Sauront-elles garder quelque chose de cette assurance, de ce sens de l'équilibre ?).

Les étudiants prennent du temps pour se relaxer
hors de leurs salles de cours à la piscine de l'université d'Arizona.
9 mars, 1982. *Arizona Daily Star.*

10 mars

Chez Sharon

L'aspect glabre des cactus dont on a enlevé les épines. Il y en a dans le jardin de mon hôtesse d'hier soir, Sharon. Maigre, grande. A cuisiné des *tuna burgers.* D'imaginer le goût du thon chaud me la rend antipathique pour toute la soirée. Sans compter les cactus épilés. Elle porte les bottes de sa fille.

Un homme, sa bouteille de bière à la main, me coince entre une table et un frigidaire :

Vous aimez Tucson ?

Je m'enfuis vers le jacuzzi.

Qu'est-ce que j'aime ici ?
Les chemins de terre
Le Mexique
Le vert pâle des cactus
Le jaune léger des mesquites
Les couchers de soleil
Les matins
Les cafés Downtown
L'Arizona Inn
Les margaritas
La bibliothèque avec les lauriers-roses du campus
Les supermarchés, la nuit
La piscine, la nuit

Le jacuzzi est parfait. Sheila me crie quelque chose au-dessus de la tête. Je crois entendre : « Les mots ne sont plus ce qu'ils étaient. »
J'entends ce que je veux.

Le jeune homme aux lunettes punks, cheveux orange, short rayé. Il est appuyé contre un mur. Je croyais qu'il avait un malaise, alors qu'il faisait des exercices avant de remonter sur son vélo de course. Il me regarde comme une malade de m'être inquiétée de sa santé.

Un Mexicain vient tous les jours fouiller la poubelle collective de notre building. Il traîne un énorme sac. Il regarde par l'ouverture, puis entre carrément dedans.

Depuis hier, il a une bicyclette. Je suis contente pour lui.

L'Étudiante

L'Étudiante referme son livre, mordille son crayon, fixe les ombres du dehors, les hauts bosquets de lauriers-roses un peu fantômes à cette heure tardive.

Elle se lève, cherche un fauteuil confortable, s'endort.

Étudiantes et étudiants dorment en bibliothèque avec un abandon surprenant. Cela m'avait déjà frappée à la Bobst Library de la New York University.

Dans la bibliothèque de l'université de Tucson je trouve : Mme de Staël, sur Marie-Antoinette. Que j'avais cherché en vain à la bibliothèque de Beaubourg. *Réflexions sur le procès de la reine par une femme* (1793). *Je reviens à vous, femmes immolées toutes dans une mère si tendre, immolées toutes par l'attentat qui serait commis sur la faiblesse, par l'anéantissement de la pitié ; c'en est fait de votre empire si la férocité règne...*

L'Étudiante : un personnage ignoré de la littérature. Alors que l'étudiant est bien représenté. L'étudiant, sa logeuse, ses fantasmes, ses bizarreries, sa misère matérielle en contraste avec son ébullition mentale. Hoffmann, Dostoïevski, Kafka.

Les romanciers ne croient pas en l'ébullition mentale de l'Étudiante. Leur intérêt pour elle se porte ailleurs.

Lapsus : Je dis *cancer* au lieu de *concert*, parlant avec une étudiante qui m'explique qu'elle n'a pas pu apprendre sa leçon de français à cause d'un concert.

Dans le restaurant, à la cafétéria, j'entends beaucoup les étudiants parler de leurs parents, *My Mom, My Dad*. Avec gentillesse, sans aigreur ni ton de règlements de compte. Leurs bons sentiments m'étonnent. Mais, peut-être, je déchiffre tout de travers.

Nombreux magasins de robes de mariées.

Male Striptease

Samedi, avec Mabel et deux copines à elle.

Boîte : Cowboy. Les différents strip-teaseurs.

« Le bûcheron. » Joli corps de danseur. Il entre sur scène habillé d'un jean, d'un gros pull et d'un bonnet de laine. Son strip-tease est tordu. Il met plus de perversité à lentement enlever ses chaussettes, dévoilant des pieds nus tout pâles, que son boxer short. Il esquisse quelques pas sur une musique des Rolling Stones. Une hache lumineuse à la main. Quand il la brise, elle éclate en feux d'artifice. Le bûcheron est habile à s'esquiver avant que les femmes puissent le toucher au-delà du geste de lui glisser de l'argent. Slip débordant de dollars. Il ne se laisse littéralement *toucher* que par les billets.

« Le jeune chien. » N'a pas les réticences du bûcheron. Bondit de fille en fille. Un diamant étincelle à la place de son pénis. Il bouge des fesses. Se laisse caresser, embrasser. « Roule des patins » (pour la première fois l'expression prend son sens à mes yeux) sans compter.

Les femmes, de leur côté, lui bourrent le slip sans compter. Il est si plein qu'elles glissent des billets sous l'élastique de son string. Le jeune chien aboie de plaisir. Et s'il mordait ? J'imagine la panique, le traumatisme. Les filles les plus hurlantes et déchaînées sont celles qui enterrent leur vie de jeune fille. Une nuit de folie avec leurs amies. Et si le jeune chien, soudain, sentant s'animer dans son slip autre chose qu'un froissement de papier, mordait la fiancée, la presque épousée ? S'il lui arrachait le nez ? Énorme pansement blanc. La mariée défigurée. Comment raconter l'incident ? Chéri, j'ai été mordue par un strip-teaseur enragé. – Ne t'inquiète pas, chérie, répond très calme le jeune homme, déjà sourd aux propos de sa compagne et bien convaincu, sans avoir lu Freud, qu'utérus et hystérie ont à voir. Mais quand il se tourne vers celle-ci et voit le carnage…

– Tu t'amuses ? interroge Mabel. Inquiète parce que je ne pousse pas de grands cris.

– Énormément.

– On ne dirait pas.

– Ça se passe à l'intérieur.

Le coucher et le déshabiller du Roi à Versailles sont-ils la lointaine origine du strip-tease masculin ?

Après, on va boire. Aucune de mes amies n'a souhaité acheter le string d'un strip-teaseur.

La prochaine fois nous irons à Smuggler's Inn.

Il a fallu des siècles d'une éducation obstinée doublée de lois impitoyables pour réduire les femmes en objets, il va falloir un peu de temps pour que, devenues sujets, nous ayons assez d'humour pour jouer à inverser les situations. Pour jouer à faire les voyeuses à notre tour et à s'en amuser *vraiment*. Mais en avons-nous envie ? Personnellement, je l'apprécie comme une forme d'exotisme.

Rêve. J'entre dans une salle manifestement liée à une maison d'édition. À un bout de table, Marcelin Pleynet. À l'autre, Peter. Pleynet dit quelque chose comme : Peter F. que je n'ai pas besoin de présenter puisqu'il m'a très volontiers fait une pipe le jour de notre première rencontre. Puis Pleynet se tourne vers moi et m'explique que mon manuscrit *Bonté divine ou les Prospérités de Bécassine* ne sera pas publié. Nulle part. Que Christian Bourgois ne répond pas parce que *tous* les commentaires favorables de Gérard-Georges Lemaire ont été barrés et remplacés par les jugements négatifs de Christian Prigent. Tandis qu'il parle, j'ai la vision simultanée de mes feuilles barrées des gros traits noirs d'encre du directeur de la revue *TXT* recouvrant les termes louangeurs écrits par mon ami Gérard-Georges Lemaire, directeur de la revue *L'Ennemi* et comme moi passionné de New York et de la Beat Generation

Je quitte la salle avec Peter et une fille. Nous marchons sur les quais de la Seine. Je suis sur le point de pleurer.

Le terme de « prospérité » s'enfonce en moi comme un pieu.

La croisée des destins. Le milieu du chemin de la vie.

Rompre ou non avec Franck ? Prendre ou non un poste de professeur à l'université d'Arizona ?

Des années plus tôt à New York : Enseigner le français ou faire du strip-tease ?

La strip-teaseuse

Nous nous étions parlé à un feu rouge. Devant le St Marks Hotel. J'allais à une party chez Tom Bishop, la strip-teaseuse allait à son travail. Elle avait admiré mes chaussures bleu marine à talons hauts.

– Viens me regarder, un soir. Tu verras si ça te plaît.

– Je n'ai rien contre, mais j'ai l'impression que je ne vais pas y arriver.

– Arriver à quoi ?

– À ramasser les dollars sans interrompre le strip-tease.

– Ça se fait tout seul, m'avait-elle répondu en riant.

J'étais allée la voir. Elle était vraiment douée.

Cours de conversation. Faire des phrases avec les mots : Dentiste, Coiffeur, Marché, Anniversaire, Vacances.

Cours du XVIIIe siècle. Ruby est de plus en plus pénible. Presque à chaque cours elle arrive en retard, au prétexte qu'elle n'a pas réussi à traverser Speedway Boulevard (trop de trafic). S'installe bruyamment. Installe son église en même temps qu'elle. Pose des questions ineptes comme :

– Quels mots préférez-vous, madame ? Les noms, les verbes, les prépositions, les adjectifs comme marécageux ? Moi, ma préférence va aux prépositions. Par exemple, je ne sais pas si vous connaissez la religion chrétienne. J'aime penser à la formule : *Par Lui, en Lui, avec Lui*. Les prépositions nous relient à Dieu.

Elle me rend dingue.

Voitures. La jeune fille blonde qui descend de sa chambre aux coups de klaxon de son petit ami. Comme un réflexe conditionné. Les hommes sans voiture et donc sans klaxon n'ont aucune chance de se faire entendre.

Survêtement de coton. Il y en a de très jolies couleurs. Dans des nuances arc-en-ciel.

Achat, enfin, des bottes western convoitées. Marcher, se sentir différente. Plus sûre de soi. Pleine de son autorité.

J'ai l'impression de faire un bruit d'enfer quand j'entre dans la classe. Je ne sais pas où me cacher.

Party entre femmes chez Vicky.

Ennui torride. Une femme au nez pincé et à la bouche mauvaise a écrit un livre sur les femmes indiennes (elle porte en effet des bottines de confection indienne).

Maintenant elle travaille avec une collègue sur : Les veuves en Arizona. Tartinant du beurre sur une rondelle de radis blanc. Elle dit : « Ça me fait penser à la crème sur mon diaphragme. »

Un disque me plaît : *Mean Mother*. Une femme met : Tina Turner.

Party qui commence dans l'ennui s'achève dans la fête. On danse comme des folles. On ne veut plus se quitter. Certaines commencent de réfléchir à louer une hacienda dans le désert pour y vivre ensemble.

20 mars

Rêve. Avec Franck dans un train. Il perd mon billet. C'était le seul que nous avions. Lui n'en ayant pas. Je dis : à deux sans billet, nous allons avoir des problèmes.

Plus tard, j'aperçois par une fenêtre : une immense salle où de jeunes garçons asiatiques tressent des cordes. Ils travaillent en longues files sur une corde tendue au-dessus d'eux.

22 mars

Rêve. Je suis avec un homme dans une sorte de magasin ou de cave. Je m'éloigne de lui pour ajuster mon diaphragme. J'ai du mal à y parvenir. La chose n'entre pas. Je dis très fort : *Je n'en peux plus des travaux pratiques !* Je m'aperçois alors que j'ai entre les doigts un avocat coupé en deux. Il n'est pas vraiment mûr. Comme ceux qu'on laisse trop longtemps au frigidaire.

Dans mon rêve, cette nuit, Hugo [Pratt] me fait rire.

Sunday

Adresse Guillaume : Oasis Ranch, Cortaro, AZ 85230.

Hier, dans sa maison du désert. Le coucher de soleil. Nos verres à pied remplis de vin rouge et posés sur un poteau du grillage. Il boit d'une façon quasi ininterrompue. Et avant de se resservir dit simplement : J'ai soif. Il y a quelque chose de charmant dans cette formule du côté du besoin, de l'enfance,

du désert de Sonora qui unifie le nord du Mexique et l'Arizona,

ou de Rimbaud.

Arizona, me dit-il, signifie *petite source* en langue indienne, pima.

Tout seul dans son oasis il puise sans fin à la petite source.

Un des chiens de la voisine est friand de cactus. Il recrache les piquants avec des mines préoccupées mais ravies.

Cette nuit, dans mon rêve, je me disais : Dans la mesure où je suis à Paris, je devrais me soucier de faire publier *Bonté divine*. La conjoncture me paraissait étonnamment favorable.

Les moments dans la piscine à nager doucement en regardant le ciel. Nager à la belle étoile.

Beauté du désert. Beauté qui ne s'apprivoise pas.

Les cactus – cierges immobiles dans le grand vent.

Le mot anglais *organ pipes* fait se lever une musique.

Les maladies ici : *Valley fever*, la fièvre de la vallée, maladie virale hémorragique. Les gens comme les chiens peuvent l'attraper.

On m'explique : les cactus n'ont pas de racines profondes, le sol est trop sec.

Le *mesquite*, joli arbuste à fleurs jaunes, qui pousse partout en Arizona, a des racines très longues qui lui permettent d'aller chercher l'eau loin sous terre.

Une seule cause, la sécheresse du sol : deux effets opposés. Deux manières de réagir pour survivre.

Piscines et pierres : même bleu turquoise.

Un étudiant lit, de l'eau jusqu'au cou. Il a posé son livre sur le rebord de la piscine. Pour tourner les pages, il sort une main de l'eau et transforme ainsi son livre en une chose ruisselante. Une serpillière bourrée d'idées.

À l'université, beaucoup d'étudiantes et d'étudiants en short.

25 mars

Au sauna du country club avec Chiara.

Exposé d'Y.S. « La conscience braque les rouages… » Elle répète la phrase trois fois.

Rêve. Un camion de profil. J'arrive dessus à toute bringue. Je pense : C'est foutu. Mais le camion se révèle assez haut pour que je puisse passer dessous. Je m'en tire avec une oreille éraflée.

28 mars

Les rues vides. Le soleil. Étudiants sur la pelouse du campus. Torse nu. Ils se bronzent et étudient en même temps.

Je m'arrête à une *yard sale*. Quelques vêtements défraîchis, usés. Une jeune femme au visage asiatique avec plusieurs petits enfants autour d'elle qui jouent dans la poussière. Elle parle à une Américaine qui tient un nouveau-né dans les bras. Elle lui dit : il doit bien valoir un million de dollars. L'autre répond, choquée, et peut-être inquiète à l'idée que son chérubin finisse dans une *yard sale* : Mais non, il est sans prix !

Les bruits de la nuit.

Jusque tard, le bruit des balles de tennis.

Fond de bruit de moteurs.

Voix : *How are you ? Good, Not bad, OK…*

Rêve sur les bijoux. Je lis assez tard *Les Bijoux indiscrets*. Je rêve que l'on m'offre une bague et un bracelet. Au premier regard je les trouve beaux, et surtout fins. « Exactement ce dont j'avais envie. » Mais au moment de les mettre ils m'apparaissent très différents. Ils sont beaucoup plus épais, massifs, et presque mastocs (des bijoux indiscrets). Travaillés d'une manière baroque, plutôt vulgaire. Et surtout, la bague est reliée au bracelet qui lui-même est rattaché à une montre par une tige de métal. L'idée d'être prise ainsi dans cet agencement ne me plaît pas. Je pense que ma main n'aura aucune liberté.

Hier chez Guillaume. Oasis Ranch. Nous regardons ensemble un match de catch mexicain, *la lucha libre*. Guillaume en est adepte. « Il faut que tu voies ça, si tu vas au Mexique. Les *luchadores* portent des costumes drôles, brillants, théâtraux, des choses extravagantes. Avec sur le visage un masque qui constitue leur identité. » Quand il va à Mexico il passe un temps fou à l'Arena Coliseo, pour les lutteurs et pour le public. Les gens, hommes et femmes, sont déchaînés. Ils hurlent, trépignent, ils veulent du sang, des blessures, du crachat, de l'ignominie. La dernière fois il a raté l'Arena Coliseo ; en fait, il n'a pas atteint Mexico. Il a eu un accident de voiture dans un village, n'a pas eu le temps de discuter, a été mis en taule sur-le-champ, ensuite pour en sortir, ce fut coton… Guillaume adore El Santo, son masque d'argent, sa cape de justicier, sa grande croix sur son torse de géant. Le fils, Hijo del Santo, qui a repris le même masque, n'est pas mal non plus… Aujourd'hui, sur le ring de l'Arena Coliseo de Mexico, un des *luchadores* s'appelle Calzón Oscuro, Slip Obscur. Ça nous fait tellement rire que nous glissons du sofa et nous retrouvons sans y songer en train de faire l'amour.

Ses yeux bleuissent dans le plaisir. Pure innocence. Un véritable païen.

Après l'amour, il me dit : Pourquoi m'as-tu parlé en anglais ? – Pardon !

Nous sommes repris du même fou rire que devant les bonds et rebonds de Calzón Oscuro.

Guillaume se lève, remplit nos verres. Il sourit à son horizon, à son jardin sans limites.

C'est pleine lune, chaque détail se dessine avec un relief extraordinaire.

Au contact du désert, ce n'est pas mon inclination pour le XVIIIe siècle qui s'est évaporée mais mon histoire d'amour et de tourment.

Pas exactement évaporée, mais allégée.

La lucha libre m'a réouvert le monde.

Avril

2 avril

Les Bijoux indiscrets. Ce qu'ignore Diderot : la continuité du plaisir qui lie la caresse à la « pénétration » et qui fait de celle-ci, plutôt qu'un viol renouvelé, une caresse approfondie.

Avantage de la vision de Diderot : l'entente sexuelle est sinon descriptible, du moins chiffrable : c'est une affaire de bon ajustement mécanique. Les bijoux indiscrets, comme dans toute indiscrétion mondaine, cherchent d'abord à complaire la curiosité de leur interlocuteur, et, par là, à combler une attente. Ils ne disent rien de radicalement *autre.*

Ce qu'il y a de torture virtuelle dans l'idée de *faire parler.*

Dîner chez le chairman et sa femme.

Je m'habille avec soin. J'ai compris que je dois incarner un peu de la légendaire élégance française (aux cours que je donnais à l'Alliance française de New York, une étudiante m'avait dit qu'elle apprenait le français pour lire *Elle*). Mes hôtes sont tous deux très stylés. Conversation sur nos familles. Le chairman raconte que ses ancêtres possédaient en France des relais pour les chevaux. Aux débuts de l'automobile, ses grands-parents n'ont pas voulu y croire. Ni aux débuts ni plus tard. Ils étaient *sûrs* que les gens reviendraient aux chevaux.

Je suis reconduite, *en automobile*, par un thésard. Il écrit sur l'érotisme chez Flaubert. Énorme farce, paraît-il.

– Vous devriez quand même en causer avec Flaubert.

– Comment ça ?

Hénaurme silence de mon côté.

Je garde pour moi cette anecdote d'une jeune femme en thèse sur *Le Voyage en Orient*. L'avancée de ses travaux est loin d'être spectaculaire, son directeur de thèse piaffe, elle-même est rongée de doutes sur :

1. La formulation du sujet.
2. La dimension du corpus.
3. La logique du plan.
4. L'exhaustivité de la bibliographie.

Et, au fond du fond, quand elle compte le nombre d'années sacrifiées à ce voyage qui ne mène nulle part, elle se pose la question : Pourquoi m'infliger ce châtiment ?

En dépression, elle se rend chez une voyante, déjà consultée pour un problème sentimental. Cette fois, elle lui demande d'invoquer l'esprit de Nerval. Celui-ci se manifeste sans se faire prier. Bouleversée, la Nervalienne a du mal à prononcer : Que pensez-vous, Maître, du fait que j'écrive une thèse sur vous ? À travers un semblant de ricanement d'éternité lui parvient : Cela n'a, Mademoiselle, aucune espèce d'importance.

Gates Pass. Le chemin de terre rectiligne. Je m'assois en haut d'un rocher.

Au retour, un grand serpent au milieu du chemin.

Les coquelicots miniatures. Leurs pétales translucides (différence avec des fleurs de cactus, charnues, aux pétales épais).

Fleur de cactus : l'absente de tout herbier européen.

L'absente de tout bouquet.

Voiture. Je n'arrive pas à faire une marche arrière correcte. Les démarrages en côte n'en parlons pas. Tucson me facilite la tâche, sauf anicroches comme :

J'écrase le système d'arrosage de gens
que je ne connais pas

Je dois aller à un déjeuner amical chez un administrateur de l'université. Je pars avec une bonne marge. J'ai bien noté l'adresse. Il doit s'agir d'une rue minuscule ou d'une voie privée, et je ne la trouve pas. Je suis complètement perdue et, bien sûr, personne à qui demander mon chemin. Et quand, après une errance interminable, j'y suis, c'est le numéro de la maison qui est invisible. Je vais renoncer, mais la grande voiture noire saute sur l'occasion d'un portail ouvert et traverse deux fois, à toute allure, la pelouse fleurie, non sans écraser au passage le système d'arrosage. Les occupants, de leur véranda, fixent la scène l'œil béant.

Fidèle à ma morale, ou à celle de la voiture, je ne me retourne pas, j'ignore le rétroviseur, et poursuis vers le déjeuner.

Une voiture de gangster. Son conducteur n'a jamais été invité à un déjeuner amical chez un administrateur de l'université. D'ailleurs, les déjeuners amicaux, les amis, tout ça, il se méfiait.

Ça m'a servi de leçon. Je ne me repère pas mieux de jour que de nuit. Alors, autant préférer la nuit. J'ai plus peur, mais moins honte. Et la nuit du désert a une vertu enrobante, un appel romanesque.

J'emboutis mon mur de parking

Visible, mais éloignée, il y a une autre maison dans le bout de désert où habite Guillaume. La maison de sa propriétaire. Une dame de plus de quatre-vingts ans qui y demeure seule, dans une tranquillité royale. Elle a fait sa niche dans le désert comme le troglodyte des cactus fait son trou à l'intérieur du cactus dont il se nourrit.

Il est passé minuit quand je quitte Guillaume. Le chemin de terre raviné est par endroits horriblement fracassé. J'hallucine la panne, accélère, pour la prendre de vitesse. Le paysage est fantomal. Tout l'Arizona, cette nuit, m'apparaît comme un vaste vide d'où contempler la lune. D'y penser me décrispe de l'angoisse de la panne, et c'est quasi insouciante que je dépasse, sans me tromper, l'embranchement *d'importance cruciale* et débouche sur la route. Tout va bien, pas de camions, pas de trafic, seule la lune, très haut. Devant moi la nuit est jeune. Mais c'est de derrière que surgit la menace. Une voiture de policiers m'a prise en filature. Ils me collent. Ils vont, pour rire, m'ordonner de faire un créneau entre le troisième et le quatrième cactus ou m'obliger à remonter *en marche arrière* jusque chez Guillaume. À bout de nerfs, eux toujours collés, j'atteins enfin Fort Lowell Road et l'entrée de mon parking. Les flics hésitent, me lâchent. OUF !! Dans mon soulagement, au lieu de freiner, j'appuie sur l'accélérateur et entre dans le mur de mon parking.

Land of freedom. J'abîme ma voiture comme je veux, quand je veux.

Les tennis inondés. La piscine rendue plus lisse et verte à cause de la pluie. Il y a quelques nuits, j'ai rêvé l'extrême beauté de Tucson. Tout était à peu près semblable, mais clos (pris dans un cadre). De cette clôture qui permet une certaine idée de l'harmonie.

Les palmiers étaient plus vifs. Les ciels plus brillants.

Les chemins de terre comme vernissés.

Hier soir, chez Guillaume, l'émotion communiquée par l'alcool, les chansons (Brel, Reggiani, Brassens, Piaf), et la facilité que nous avons à être ensemble. Au téléphone, par contre, moments de gêne. Les cactus dans l'éclairage des phares. Leur blancheur découpée.

Guillaume me raconte qu'il a écrit une thèse, mais qu'un jour, de retour à Tucson après des vacances en France et alors qu'il s'apprêtait à la soutenir, il l'a trouvée mangée par les coyotes. « Tu comprends, c'est le genre de pépin qui t'oblige à changer de carrière. » Je comprends et ne lui pose pas de question sur sa carrière actuelle. Ce qui est sûr, c'est qu'elle lui laisse beaucoup de temps pour répertorier la flore du désert.

Vendredi saint

Mission San Xavier del Bac. Je m'intègre au groupe qui accompagne un jeune Indien en train de parcourir le chemin de croix. Il peine sous la lourde croix en bois. Une couronne d'épines lui enserre le front. Sa maigreur, ses yeux fiévreux. Son visage inondé de sueur.

Nous montons à sa suite sur la colline proche de l'église. Elle contient une grotte qui reproduit la grotte de Lourdes, m'explique une dame.

Il appartient au peuple Tohono O'Odham, au peuple des « Hommes du désert », les autochtones du désert de Sonora. Parmi les plus démunis des Indiens.

Les Espagnols les appelaient du nom de : Papago (Perroquet).

Christ Tohono O'Odham.

Jeudi 22 avril

Conférence : *Lire la correspondance de Rimbaud.*

Une conférence que j'ai déjà prononcée à la Maison française de Columbia University.

Je porte les mêmes mocassins violets, mais l'écoute dans la salle est différente et certaines phrases sur l'éloignement de l'Europe, l'emprise du désert, une solitude à la fois cruelle et recherchée, prennent un relief neuf.

Je pars pour New York.

Beauté de la Californie : champs d'orangers et de pamplemoussiers, après ces heures et ces heures de traversée désertique.

La terre promise : comme les champs que l'on peut contempler de la Mission San Xavier del Bac au sud de Tucson. Proches et interdits. Le territoire de la Mission commençant précisément là où la terre devient stérile.

Los Angeles. L.A. Airport. Je passe une nuit à l'aéroport. Sous un plafond étoilé d'ampoules électriques. Sorte de voûte céleste ratée.

Je prends un café à la cafétéria. À côté de moi, deux femmes d'âge moyen qui reviennent d'un voyage à Hawaï. L'une porte un collier de fleurs en tissu autour du cou. L'autre un grand chapeau de paille, style paillote. Elles ont l'air très contentes. J'ai envie de demander à la porteuse de paillote si je peux m'abriter sous son toit. Au même instant, elle m'adresse la parole.

Le type, plutôt beau, grand, brun, bien bâti, qui accompagne une jeune femme. Elle est banale, un peu courte, apparemment riche. Elle est tendue vers des caresses de l'homme, ou du moins vers quelque signe de sa tendresse. Mais lui cherche seulement, furtivement, la manière la plus naturelle de se mettre les mains dans les poches. Il s'en va rapidement. Elle tourne le dos aussitôt, ne s'attend pas à ce qu'il se retourne. Elle s'assoit, cherche un journal dans son sac, tord la bouche en un rictus d'amertume.

Les oiseaux sur le terrain d'aviation. Ils volettent sous les avions. Je me demande s'ils font le rapprochement. S'ils se considèrent plagiés.

Il y a toujours dans les aéroports de la côte Ouest une femme qui voudrait ressembler à Liz Taylor. Ma voisine de siège, avec un turban doré, une veste rouge à col de fourrure, des jeans un peu flasques, et des chaussures en faux cuir, offre l'image d'un idéal qui irait se détériorant de la tête aux pieds. Ce qui n'est pas la façon dont il s'est détérioré pour Liz Taylor.

New York

Upper West Side. Les *roommates*. Les heures passées dans l'étroite cuisine de cet immense appartement à analyser nos vies, faire des bilans, nous raconter les derniers épisodes. Sheva et Gail vont venir me voir à Tucson. En voiture. Les questions de distance, elles s'en moquent.

Avec Franck. Nous avons eu tellement de scènes qu'en présence l'un de l'autre nous sommes sans énergie, pareillement accablés. On a épuisé tous les sujets d'opposition. Ils se résument en réalité à deux : une vie américaine, à la campagne, ou une vie française, à Paris. Une famille ou pas de famille. Thoreau contre Mme du Deffand. Silence mortel. Il me raccompagne jusqu'à l'entrée de l'appartement West 100th Street. N'a pas un regard pour son ancien appartement en vis-à-vis.

Retour à Tucson

Tempêtes de poussière (à Blythe). Désolation de l'endroit où je m'arrête pour prendre de l'essence. Nuages blancs qui s'élèvent du sol. Des nuages ou des tumbleweeds (virevoltants). Pluie violente. Début d'arc-en-ciel. Surface lunaire. Les voitures sont en partie invisibles à cause du brouillard et de l'eau.

Je fonce comme la perdue que je suis.

Musique à l'Alliance française. Le jardin, l'assistance. *O Sole mio.*

Sourires complices. Bord des larmes.

Dans une rupture, en décider n'épargne pas de souffrir. Chacun souffre de son côté. Sur un pan opposé de la montagne.

Sur le campus, dimanche. Concert.

Je regarde le soleil couchant derrière les bâtiments anciens de l'université. Les palmiers au-dessus des toits.

En écoutant la musique, je suis prise d'une envie très forte d'aimer.

Revoir *Rio Bravo*.

Lettre de refus de *Bonté divine ou Les prospérités de Bécassine* par les Éditions des femmes. Je la trouve dans ma boîte aux lettres à l'université et l'ouvre sur le parking. Comme dans mon rêve.

À cause de la chaleur, les pare-brise explosent. Les protéger.

Mai

Au nouveau Market Center avec Judy et une de ses amies. Nous mangeons des crêpes carrées (*spinach & cheese*). Pour faire français les serveurs et serveuses ont un béret basque sur la tête.

2 mai

Exposé de Diego sur Sade. Il défend l'idée que le crime, le crime impardonnable aux yeux de la société, consiste à penser par soi-même. Dans sa présentation à voix (trop) basse, lue d'un ton neutre, il glisse : Après avoir été mis de force à la Bastille puis à Charenton par ma famille, je me suis sauvé au Mexique.

Il a énormément préparé son exposé et travaille maintenant, par sa lecture inaudible, à le saccager.

Plus tard, dans mon bureau, je lui cite ce passage d'une lettre de Sade à son épouse : *Ce n'est pas ma façon de penser qui a fait mon malheur, c'est celle des autres.*

Il sourit.

3 *mai*

Rêve. Un lieu sombre, sale. Tous les signes extérieurs de la débauche pauvre. Un lieu qui ressemble à 42nd Street à Manhattan. Je suis au coin d'une rue avec Peter. À un angle une sorte de café, ou salle d'attente, où est assis mon frère. De ce coin de rue, nous voyons les fenêtres de l'immeuble qui nous fait face : dans l'une, éclairée, je vois une jeune fille nue, de profil (quelque chose de la jeune fille du tableau de Balthus au Metropolitan Museum, *Nu devant le miroir*). À un moment, une fausse religieuse sort dans la rue. Habit noir, mais splendide décolleté. Dans le café, ou salle d'attente, tout le monde se lève sous le coup de l'émotion ; dans la rue : des applaudissements discrets mais émus. Je m'associe à ce plaisir collectif. Je quitte Peter pour aller dire au revoir à mon frère. Il me dit qu'il attend une voiture, que c'est lié à des gens qui, paraît-il, ne savent pas conduire… et ça le fait rire.

13 *mai*

Rêve. Une femme qui a déjà eu plusieurs enfants, trois ou quatre, vient juste d'accoucher. Le bizarre est qu'un médecin lui annonce qu'elle va accoucher dans quelques minutes d'un autre bébé. Elle répète, affolée, *dans quelques minutes ?*, on ne m'a jamais dit que j'attendais des jumeaux. Je vois son vagin de très près, tandis que le médecin répond, d'un ton supérieur, Ce ne sont pas des jumeaux, madame. Ils n'ont rien à voir ensemble. Essayez de penser une succession inhabituellement rapide. La femme semble épuisée par tous ces accouchements et ces enfants. Son mari est distant. Il s'absente et la laisse seule dans cet enfer. L'homme ressemble à mon père. Elle, peut-être, à ma mère. Ou bien c'est moi.

Réveil très tôt. Je pose le plateau de mon petit déjeuner sur une des marches menant à la piscine. M'imprègne de la fraîcheur matinale. Me pose dans l'insouciance d'une journée d'excursion avec Hermann, un collègue du département d'allemand, et un ami.

Aujourd'hui visite du cimetière d'avions, *The Davis Monthan Air Force Base*. Je m'imagine, le short déchiré, en train d'escalader un petit avion envahi de broussailles. En train de ramper sur l'aile. Des cacatoès nichent dans le cockpit, des racines de bananier pendent des hublots.

Hermann et son ami sont venus me chercher à l'appartement.

Avant d'arriver au cimetière des avions (S. Wilmot Road, 85708) nous conduisons sur des « dirt roads ». On aperçoit un couple assis par terre. La femme a les épaules nues, un peu grasses. L'homme, le visage ridé et tanné par le soleil, quelque chose d'ardent émane de lui. Ils sont tous les deux jeunes. « Il est rare de voir des vagabonds en couple », dis-je. « En effet, ajoute Hermann, le vagabondage semble peu propice à la relation duelle, surtout sexuelle. » Et l'inverse ? La relation duelle est-elle propice au vagabondage ?

Spectacle étonnant de ces milliers d'avions alignés au sol. Ils ne sont pas pris dans les lianes d'une inextricable jungle, mais c'est quand même, ou peut-être encore plus, étrange.

Ils sont impeccablement rangés, comme pour un décollage imminent, mais ne voleront plus. L'ami, tandis que nous déambulons dans ce cimetière des départs, nous raconte : il a téléphoné, il y a deux jours, à sa mère qui habite Berlin. Elle n'a pas reconnu sa voix. Il a eu beau se nommer, elle a continué de se méfier de cet étranger qui prétendait être son fils.

Je cherche un chapeau à m'acheter : le chapeau donne de l'identité au visage, me dit la vendeuse. Ça me paralyse.

Deux fois de suite, je me coupe au tranchant d'une lettre. Une fois à la lèvre en cachetant une lettre et l'autre au doigt en décachetant une lettre. Ces blessures par lettres m'angoissent. Je me blesse à mon courrier.

La vraie blessure, la seule, le courrier reçu des Éditions des femmes, la lettre de refus de *Bonté divine ou Les prospérités de Bécassine.*

Avant mon départ de Paris, refus des Éditions du Seuil, par François Wahl. Dans son minuscule bureau de la rue Jacob, en haut d'un escalier branlant. Sa haute taille, ses yeux bleus d'inquisiteur. J'ai à l'esprit un récent rêve d'orgie où il était, en compagnie de son amant, Severo Sarduy habillé en geisha, un des figurants. Cela me fausse un peu la situation. Wahl tient entre ses mains mon manuscrit. Il prend ma note d'intention, lit à haute voix :

Il y a une fois où la grâce de nos mouvements – jouer à la marelle, faire la roue sur le sable mouillé, du trapèze sur l'arête d'un trottoir – cesse. Ou plutôt s'alourdit d'une envie de communiquer, peut-être simplement d'un besoin d'aller. Alors on progresse et l'on devient intelligent. L'euphorie peut durer longtemps. Immobile, corps cassé en angle studieux ou reposé sur une chaise longue (station estivale), on parle, ils observent le jeu de nos mains.

À force de passer des examens, on se fatigue de la bonne réponse… Les récits multiples dont s'excite ce texte sont ponctués de l'apparition régulière d'un personnage néant, et par là irrécusable, celui de Bécassine, hébétée, illettrée, quasiment aphasique, pas même la peine de lui dessiner une bouche ; mais fidèle, aimante, servante, d'une bonne volonté infatigable, catastrophique,

Elle, la simple,

Qui ne se reconnaîtrait pas dans un miroir, qui voudrait toucher cette drôle de poupée mousse avec ses épaules rondes et ses grosses chevilles, qui chercherait ses mains robustes et innocentes, larges de part et d'autre de la robe verte. Inutiles.
Il s'arrête, me fixe un temps, et déclare, la mine sombre : Bécassine après Sade ?! Il vous est arrivé quelque chose… Je pourrais argumenter un lien entre Justine et Bécassine, et que, par définition, le

masochisme, pourtant une pulsion très répandue et la clef de voûte du bon ordre social, est toujours déprécié, mais je reste silencieuse. Il continue sur « ma ligne de sensibilité corrosive, mais trop systématique », et conclut en un bloc que mon écriture est traversée par trop de modèles dont je ne suis pas consciente, et qu'enfin l'énonciation comme la forme sont sans nécessité. Il se lève, me tend le manuscrit. La porte de son bureau donne direct sur l'escalier de bois branlant. Soudain gentil, doux, doucereux même : Faites attention, Chantal, à ne pas tomber !

Deux refus, je suis accablée et commence à douter. Je parcours le dernier chapitre intitulé : « Vers Plurien ». Bécassine marche depuis des heures, en sueur, égarée. Elle demande à un paysan le nom du prochain village et croit comprendre que la route ne mène nulle part. Plus loin, c'est plus rien. Tout aussi égarée mais tentée, elle se remet en marche : *Le bout du monde, j'ai entendu quelque part que c'était tout neige et glaces tandis que je me sens une chaleur à changer un œuf dur en poussin. Soudain, elle tombe en arrêt. Elle a atteint un panneau indicateur, arrive à déchiffrer :* PLURIEN, 7 KILOMÈTRES.

Bécassine s'esclaffe. Le lecteur s'effondre, navré.

Et s'il avait raison ?

Mission San Xavier del Bac, « The white dove of the desert » (La colombe blanche du désert). L'endroit a pour moi force d'aimant. Les voûtes, les ors, les bois anciens, les bouquets, les fresques murales, l'abondance de tableaux, de statues. Chacune dans sa corbeille, sous des plis de rideaux, chacune dans son théâtre.

Au pied de la statue de saint Xavier, petits mots laissés sur une table, demande d'aide, de guérison, pleurs, prières, misère infinie… Femme qui a un enfant aveugle, femme abandonnée de son mari, qui reste avec cinq enfants, etc.

En traversant en voiture Downtown vers une heure du matin, je me dis : quel paysage de cauchemar ! j'aurais peur s'il était dans un rêve, mais dans la mesure où il est dans la réalité, où il est *ma* réalité, non seulement je n'ai pas peur, mais j'ai envie de chantonner, confiante dans les bons réflexes de la conduite automatique.

Dimanche

Mission San Xavier del Bac à nouveau. Les petites Indiennes en premières communiantes. Robes toutes neuves, toutes blanches, et parfaitement repassées.

Patio avec fontaine au milieu. Scène coloniale typique. Les religieuses derrière le stand à gâteaux. Elles distribuent sourires et sucreries.

Air triste, ennuyé, gêné de tout le monde. Seules les petites filles sont excitées. Et les grands-mères ont l'air contentes. Celle-ci, devant moi, tout en vert, robe et châle (du même vert que la robe) et un chapeau blanc.

Très propre, très nette, belle. Impression d'une résistance calme.

Blanc crème des fleurs de saguaro. Leur cœur jaune clair.

Dîner avec le professeur Spera. Tête à claques à un degré de réussite rare. Grosse tête et corps malingre. Rire perçant mais sans sonorité, à la fois bruyant et éteint. Componction idiote avec laquelle il répète : « *a very special person* ». Et aussi, à tout bout de champ, à propos de cette « *very special person* », « *a lady of your class* ».

Plaque voiture.

Mot vente voiture. *For sale. 1975 Ford. Automatic. Air conditioning. 6 cylinder. Well maintained. Clean interior. $1200. Must sell. Call Chantal (602) 327 9569*

Projets :

Casanova.

Les bijoux silencieux.

Article sur : Flaubert et Sade.

Indian Art Exhibition. Tucson Art Museum. Navajo, Hopi.

Catalogue de poupées kachinas.

Elles sont rigides et légères, faites de bois de racine de peuplier. Il doit être absolument lisse et sans défaut. Les masques qu'elles portent en guise de visage sont drôles, effrayants, imprévus, ils raniment en vous la soif d'inventer… Je les regarde longtemps une à une. Les Kachinas ne se livrent pas aux étrangers. J'ai très envie d'en posséder une. Elles sont fausses, me dit-on. Des répliques pour touristes d'authentiques poupées kachinas. Ça me décourage un peu et puis j'apprends que, dans la religion Hopi, les Kachinas, doubles mystiques du monde visible, à l'origine intervenaient parmi les humains, mais peu à peu elles se sont lassées de leurs folies. Maintenant, elles restent dans leur hauteur, et ce sont des hommes déguisés en Kachinas qui, par leurs danses, leurs chants, leurs improvisations, servent de médiateurs avec elles. Et les poupées alors ? Les hommes les fabriquent pour en faire présent aux petites filles et aux femmes. Pour, en quelque sorte, les « consoler » de n'avoir pas le droit d'être initiées aux rites des Kachinas. Elles sont leur ersatz de contact avec les divinités dispensatrices de pluie, de bonnes récoltes, de santé. Les poupées kachinas, ou *tihu*, ne sont pas des jouets. Les femmes les suspendent aux murs, les traitent avec vénération. Conscientes de leur valeur sacrée, elles en prennent grand soin. Enfant, je faisais pareil avec mes poupées. Je les ai toujours considérées comme messagères d'un au-delà. Je les habillais, les déshabillais, les déplaçais d'un dessus de commode à un coussin. Et, surtout, j'écoutais ce qu'elles avaient à me dire.

On ne joue pas avec les poupées.

On ne les jette pas à la rue, ajoute la poupée du Colorado.

13 Mai

Ma petite Zouzou, Maman chérie,

Merci pour la lettre de Paris que j'ai reçu peu après vous avoir écrit. Je suis dans la fin des examens et les préparatifs de départ. Je suis en train de mettre au point un trajet qui paraît génial. Je vais vous envoyer avant de partir l'adresse de la poste restante à Mexico. Je vais sans doute retarder mon départ de quelques jours car je n'avais pas pensé aux questions de visas, travellers cheques etc.. En plus avec la fin du semestre il y a pas mal de parties auxquelles j'ai envie d'aller.

C'est une excellente transition vers l'Amérique latine où j'ai envie de passer l'essentiel de mon temps à regarder des sculptures et des tableaux, voyager et danser comme toujours c'est sur le point de partir que l'on s'aperçoit combien certaines personnes ici me plaisaient. En particulier un type qui suivait mes cours et qui est d'une intelligence étonnante. Enfin, même tardive, ce sont quand même des révélations agréables.

Au revoir. Je vous embrasse très très fort. Chantal

Il y a partout des fleurs en ce moment

Petley Frameables

Distributed by: Petley Studios, Inc. 4051 E. Van Buren, Phoenix, AZ. 85008

4100098

STRAWBERRY HEDGEHOG CACTUS. Among the most delicate of flowers, the blooms of various cacti are also among the most beautiful in the world. A profusion of blooms is not the general rule, and for that reason, this display of Strawberry Cactus blooms is perhaps a one in one hundred thousand shot.

Color Photo: Emil Muench

Litho in U.S.A.

Anecdote de Lenny après la classe. Quand il était croupier à Las Vegas, un été, il a vu un petit homme mourir d'une attaque cardiaque et personne ne s'est arrêté de jouer.

Une autre fois : Quelqu'un qui vomit, debout, dans la machine à sous.

Fin Duras. *Des journées entières dans les arbres.*

Tous les jours sur le campus une prêcheuse de seize ou dix-sept ans diffuse la bonne parole. Tout en agitant la Bible et criant aussi fort qu'elle le peut, elle tourne sur elle-même. Elle a la peau brûlée de coups de soleil, les lèvres infectées. Autant d'offert au Seigneur. J'aperçois souvent Ruby dans le public, en train de scruter sa propre vocation ?

Party chez John Gesell.

Avec Diego. Son sérieux, son intelligence, la force de sa timidité.

Son sens mêlé de tragique et d'humour.

Façon dont il me parle de son impossibilité à trouver le bon endroit où habiter et un travail qui lui plaise, pour ne rien dire d'une partenaire. Sentiment qu'il a un passé : un sentiment que j'éprouve rarement ici avec les gens que je rencontre (la vie au désert : une façon de balayer le passé, ou bien c'est vrai aussi pour toute envie de s'installer aux USA ?).

Le vent dans les lauriers-roses.

Vent sec, asséchant du désert. Chaleur mobile.

Hier soir, dernier verre avec les étudiants du cours sur le roman au XVIIIe siècle. Lenny : le campus : une existence vide de sens. Comment échapper au campus ?

On se dit au revoir cérémonieusement et puis, quand il est un peu plus loin, il se retourne, nous nous envoyons un baiser, léger, du bout des doigts. Il se tient debout, derrière Elizabeth.

J'aimerais qu'il lui arrive quelque chose qui le passionne. Qu'il sorte du campus.

Comment ils m'offrent la poupée Ruby : un bout de chiffon, deux gros boutons noirs pour ses yeux méchants. Afin que s'exorcise à travers elle toute l'exaspération produite par l'étudiante bigote et tracassière.

Soirée avec les étudiants du cours de conversation.

Leur drôlerie. Leur envie de me raconter des choses, dès qu'il n'est plus question des règles de l'accord ou de l'expression du passé.

On boit bière sur bière, de plus en plus grammaticalement libres.

Errer dans Tucson avec Diego. Entre nous, une complicité d'amitié, soudaine, ardente, comme un début d'amour qui ne débouchera jamais sur l'amour, qui regarde dans une autre direction. Hors des alternances scènes et réconciliations. Des décisions à prendre pour l'avenir. Une histoire sans futur, des moments inconsistants, volatils.

On traîne la nuit, on rebaptise Tucson.

On regarde le ciel. On guette les étoiles filantes.

On suit Oracle Road.

Je vous montrerai le désert encore une fois et pour la première fois, commence chaque soir Diego. Ensuite, comme Bécassine, on trace un nouveau chemin vers Plurien.

Les cours sont finis. Je reste à Tucson. Plus tard (juin, juillet ?), j'irai au Mexique, *seule*.

Les Bijoux indiscrets. Les lesbiennes pour Diderot.

À noter que :

– On ne voit jamais deux femmes qui s'aiment, mais l'une en proie aux fureurs de l'amour et l'autre qui cède ou qui résiste (par exemple, Suzanne, l'héroïne de *La Religieuse*). Façon d'indiquer le désir des femmes entre elles comme une passion, et même *une pathologie*.

– Les lesbiennes sont silencieuses (du moins leurs bijoux) mais non muettes. Combien les femmes aiment se parler entre elles.

– Les femmes forment un clan. Idée d'un complot latent (comme les prêtres). D'où le couvent comme lieu d'élection pour cette peur ou cette paranoïa.

– Les lesbiennes rompent le contrat de « bonne intelligence » entre les sexes. Un « vice » profondément lié aux couvents. D'où possibilité de réunir : anticléricalisme et misogynie.

Les lesbiennes, celles qui ne s'ajustent ni à l'anatomie des hommes ni à leurs ressources d'intelligence. Ils n'y comprennent rien. À l'opposé de la coquette, dans laquelle ils lisent comme dans un livre.

J'envoie une proposition de communication pour le colloque de Cerisy sur Diderot :

« Femmes folles de leurs sœurs ».

Rêves. Je passe dans une rue et je vois Sandra à la fenêtre ou dans son lit. Elle vient de se réveiller. Elle porte cette longue robe ou chemise de nuit, à larges fleurs que nous avons mise pendant des années (il y en avait deux : une à dominantes « fleurs turquoise », l'autre à dominantes « fleurs mauves »). Indifférenciation de nos vêtements, interchangeables. Importance de ce jeu. Échanger pulls, robes, manteaux était une manière pour nous d'échanger des caresses. Sandra, dans mon rêve, est un peu grossie et bouffie, mais son apparition me ravit.

Dans une chambre d'hôtel, avec un type blond. Il a des cicatrices sur le cou et sur les joues. Idée de danger mais aussi une certaine beauté. Il me met tout d'un coup la main dans le sexe : je crie de plaisir.

Réveillée par mon cri, je m'aperçois que j'ai oublié de mettre le réveil. Il est trop tard pour me rendre à l'université. Je dois inventer une excuse : Je suis allée la veille me faire soigner une dent et ne me sens pas assez bien pour assister à la réunion.

Breakfast charmant : mon cri de plaisir parmi les cris d'oiseaux.

Plus tard, dans la piscine, la vérité sur ces deux robes, auxquelles nous étions maniaquement attachées, Sandra et moi. Elles nous avaient été offertes par Cathy, quelques semaines avant son suicide, qui faisait suite à celui de son amant. Je me demande si Sandra continue de les porter.

Tombstone (113 kilomètres de Tucson), Pierre tombale. Joli nom.

Haie d'ocotillo (*Indian whips*) le long du cimetière de Tombstone. Piquants gris surmontés de fleurs rouges, pourpres, violettes. Fleurs jaunes des palo verde. Plumetis de mimosa.

Je lis la liste des enterrés. Tous assassinés, pendus, lynchés, suicidés.

Boothill Graveyard, à l'entrée de Tombstone, les épitaphes : *Murdered in the street of Tombstone, Killed by Indians.*

Ou encore :

Here lies
Lester More
Four shots from a 44
No less
No more

Environ trois cents tombes, hors-la-loi, pionniers. *They died with their boots on.* Boothill : la colline faite de bottes.

Dans l'après-midi du 26 octobre 1881 les frères Earp et leur ami Doc Holliday affrontaient les McLaury et les Clanton (*O.K. Corral*). La fusillade se répète chaque jour à quatorze heures à l'endroit même pour le plus grand amusement des visiteurs.

Désespoir à mon réveil.

Moment de joie totale dans la journée.

Début d'insolation. La tête me cogne horriblement. Nausées.

J'aurais pu mourir à Tombstone. Droit dans mes bottes.

Liste des lieux et circonstances (saugrenues) où j'ai failli mourir.

Inga me raconte l'histoire, fréquente, de Mexicains abandonnés dans le désert par un passeur. Leurs pieds brûlés. Leur agonie.

Tombstone… Mines d'argent, d'or, et de cuivre. Ville construite près des mines. 1879.

Famous Rose Tree. Le plus grand rosier du monde. Selon ce qu'indique une pancarte.

Angle de E. Toughnut Street & 4th Street (tronc de plus de trois mètres de circonférence).

Est-ce pourquoi tant de gens venaient mourir à Tombstone ? Non pour se remplir les poches, mais pour voir le plus grand rosier du monde ? Pour avoir, en plein désert, à la veille de tout quitter, une vision du jardin d'Éden, une bouffée hallucinatoire du Vieux Monde. Mourir d'une suffocation de charmilles.

Bird Cage Theater.

Pick-up truck.

Chapeaux de cow-boy.

Bisbee, vingt minutes de Tombstone. Mines d'argent et de cuivre.

Margarita : un tiers tequila, un tiers triple sec (ou cointreau), un tiers lime juice.

La margarita a nullifié le zombie.

J'ai envie de vivre le voyage au Mexique comme une aventure ouverte. Y vivre.

Café Olé. Avec Diego. Nous marchons Downtown et découvrons, sous la forme d'une maison incendiée, le *Cœur de la désolation*. Pour moi, il y a une possibilité de distance. Pour Diego, à partir de son cœur, la désolation ne peut que s'étendre. Les murs sont peints de fleurs, larges, multicolores, les cadres des fenêtres sont bleus. On voit les montagnes violettes par leur béance. C'est incroyablement beau, d'une beauté que l'on veut pour toujours. Mais la destruction est là. Poutres calcinées au-dessus de nos têtes, morceaux de verres à nos pieds. Puanteur de pourri et de brûlé. En sortant, on s'arrête, comme la veille au soir, pour respirer l'odeur beurrée des lauriers-roses.

La pièce entrevue. Entre les fleurs éclatantes, le lit de métal et toutes les choses cassées, sales qui traînent au sol. Vieille femme dehors. Gardienne des ruines de ce que fut sa maison. Gardienne des cendres de ce que fut sa vie.

« J'ai », lui disait le Consul, levant son visage vers les volcans et sentant sa désolation s'en aller vers ces hauteurs où, même maintenant au milieu de la matinée, la neige eût en hurlant fouetté le visage, où le sol sous le pied était de lave morte, restes inanimés et pétrifiés d'un plasma défunt où les arbres même les plus sauvages et solitaires ne prendraient jamais racine. « J'ai derrière mon dos un autre ennemi que vous ne pouvez voir. Un tournesol. *Je sais qu'il m'observe et je sais qu'il me hait. »* « Exac*tamente », dit le Dr. Vigil, « très possiblement il pourrait vous haïr un peu moins si vous arrêtiez de boire la tequila. »*

Sans aucun effet dû à la tequila, j'ai parfois cette impression de la part du bougainvillier malsain qui me nargue à travers la fenêtre. Sinon qu'il me hait, du moins qu'il ne m'aime pas.

Diego est insensible à l'animosité des fleurs. Par contre il éprouve très fort celle des humains et ne sent que rarement la désolation s'en aller vers les hauteurs. Dans ces moments-là, il rayonne.

Notre carte personnelle de la ville se teinte d'une couleur littéraire. Nous ajoutons les deux maisons de Simenon, et, c'est moi qui insiste, car j'ignore toujours le numéro : l'adresse exacte d'Alan Harrington sur Fort Lowell Road. « Mais ça, nous ne le trouverons pas. Il a pu déménager », dit Diego. Ce qui me choque, comme si *Sur la route* n'avait pas une portée définitive.

Mot de refus de « Femmes folles de leurs sœurs » par la direction des colloques de Cerisy, que je lis assise sur le rebord de la piscine, les pieds dans l'eau.

Dans la cathédrale Saint-Augustin, jeunes filles qui récitent des noms anglais du haut de la chaire. Secte du nom commun ?

Rose et bleu nullement mystique des piscines (la chair, l'eau).

La lumière, tôt le matin, me fait, encore endormie, un effet grisant. Elle transperce mon sommeil sans me réveiller.

Déprime de ne pouvoir vendre la voiture et de ne pas faire l'amour. Je m'allonge sur le sofa, crois entendre mes yeux tourner dans leur orbite.

Famille malaisienne. On prend le café derrière le restaurant. Passage dans les coulisses du théâtre : le désert qui borde l'arrière des magasins de Broadway Avenue.

La femme assise dans la camionnette. Sa jupe rouge vif, légère et moulante. Elle croque des cacahuètes avec amour. Son rire. La façon gaie et modeste dont elle est sûre d'elle. Un fils traîne des chaises du restaurant et nous nous installons selon les pans d'ombre possibles. Chaleur de fournaise. Vicky agite un éventail. Guillaume somnole. Un vieil homme, grand-père mais de qui ?, commence à raconter l'histoire de George, un Portoricain de Harlem qui avait fait fortune à Kuala Lumpur. On n'y comprend rien, et la femme dit, en nous proposant de nous servir de cacahuètes, qu'elle n'a jamais pu supporter ce George. La conversation dévie vers des anecdotes d'immigration.

Un des serveurs raconte : un ami jamaïcain, qui avait dû rentrer dans son pays pour obtenir un visa ou une carte de séjour (*green card*), est enfermé deux jours de suite dans une salle à attendre avec d'autres demandeurs. On leur passe en boucle *The Tramp* de Charlie Chaplin. La femme assise dans la camionnette se tord de rire. Elle remonte sa jupe, hèle son mari encore à travailler dans la cuisine et reprend sa tâche d'engloutissement des cacahuètes. Le mari crie qu'il va nous apporter les cafés. On est à moitié morts de chaleur mais être passés de la salle de restaurant à cette arrière-cour brûlante, parsemée d'illusoires îlots d'ombre, nous semble une aubaine.

Curieuse assemblée, parfaite pour un récit picaresque. En plus de la femme assise dans la camionnette, des enfants de la famille, du vieil homme qui aurait voulu nous parler de George, il y a Kristen, spécialiste des pièces historiques de Shakespeare, son copain, un Belge baroudeur qui vit avec elle dans un mobile home non loin de San Xavier Mission, Vicky, encore dolente de la maladie qu'elle a écopée à force de batailler contre sa passion, Guillaume, plutôt gueule de bois aujourd'hui, et le mari, qui a abandonné son rôle de restaurateur et nous a rejoints, non avec des cafés mais avec des bouteilles de bière. « Buvez-les, avant qu'elles ne se réchauffent », dit-il. Guillaume s'exécute en une goulée et est, à l'instant, ranimé. Submergé par une bouffée de son passé, il se dépeint en enfant du secret, autrement dit en bâtard. Une enfance de rêve (« Diantre ! il n'y a rien de tel que de naître bâtard », Marivaux). Il était un petit garçon d'une beauté si exceptionnelle que les femmes à l'église se signaient à sa vue comme pour une apparition de l'Enfant Jésus. J'étais sur la bonne voie, conclut-il, pour devenir un alcoolique angélique. Il répète plusieurs fois « alcoolique angélique », en français, en anglais, et voudrait savoir comment ça se dit en malien, le vieil homme qui y lit peut-être la chance de poursuivre le récit de George, articule quelque chose.

Je demande à Vicky si elle s'est mise à écrire un journal.

Non, rien. Nada. Elle ne s'est pas rapprochée du Navajo et elle n'a pas commencé de journal. Mais elle a remarqué, depuis, qu'il n'y a pas de notations sexuelles dans les journaux de pionnières. C'est quelque chose. La femme à la jupe rouge, qui nous domine de la hauteur de son siège de camionnette, déclare : La chaleur me rend allergique aux élastiques. Le docteur m'a formellement interdit de porter une culotte. Vers 18 heures. qu'on porte ou non des culottes à élastique, la chaleur continue d'être pénible, mais dans notre enclave d'une parole ouverte sur l'immensité du ciel, elle a réussi à se rendre familière, on l'oublie et, quand on se la rappelle, on se prend à l'aimer. Le vieil homme souligne qu'ici il règne une chaleur sèche, bien préférable à la chaleur moite de la Malaisie. Pourquoi la chaleur sèche est-elle sans arrêt louée au détriment de la chaleur humide, pourquoi suer serait-il pire que brûler ? Je ne comprends pas. Je devrais lancer le débat. La femme à la jupe rouge la relève et la bouge comme un éventail. Je constate qu'elle suit à la lettre la recommandation de son médecin.

Nettoyer la voiture avec l'aide d'Inga. Capeline et jupe large pour elle. Des ballerines pour nous deux, qu'on enlève pour ne pas les inonder.

Race des *dealers*. Comment ils traitent avec une femme. Multiplient les *Honey*. Enfin, je vends ma voiture ! À un certain Donald Soule, après que ça a raté avec un certain Norm Nelson. Dans mon désir qu'ils désirent ma voiture (*my dear lemon car*) je m'étais mise à les désirer l'un après l'autre.

Je pars à pied. Attends le bus exactement à l'arrêt où je l'ai pris pour la première fois. Le conducteur ressemble à un pois chiche.

Téléphone hier soir de Diego. De Floride, sa voix basse, hésitante par timidité, mais porteuse d'une tendre amitié.

Ce que raconte Judy sur un homme qui habite son complexe et a versé, par vengeance, de l'acide dans le jacuzzi. Tous les tuyaux ont été détruits. Horreur d'imaginer ce qui serait arrivé si quelqu'un était venu s'y plonger.

Je laisse ma bicyclette chez Guillaume.

Vais m'acheter un cahier, une carte du Mexique, un dictionnaire.

Le chapeau, je le trouverai sur place.

Mexique

J'avais d'intenses visions de pure joie de vivre [...] ce qui se produit si souvent pour moi en voyage, couplées avec une appréciation solennelle du mystère de la vie & un émerveillement intime.

Jack Kerouac,
Journaux de bord, 1947-1954

28 mai

Petit avion. Vol terrifiant. Le ciel vert sombre troué d'éclairs. Écran de nuages noirs opaques sur Mexico City. Une couche de smog (*polumo*) donne l'impression que le sol se retire au fur et à mesure que l'avion s'efforce d'atterrir.

L'Opera Bar, à l'angle de l'Avenida Cinco de Mayo et calle Filomeno Mata. Élégance XIXe siècle. Fresques et miroirs. Fauteuils profonds. Margarita d'arrivée. Goût de la tequila.

« El Tequila vient de la plante Agave tequilana. Voyez-vous à quelle plante je me réfère ? » me dit, en français administratif, mon voisin. Un monsieur distingué. « L'Agave tequilana fleurit une fois et meurt. » Son visage triste s'attriste un peu plus. Je songe au cactus d'Arizona, dit cierge à floraison nocturne, qui ne fleurit que la nuit. Ça aussi c'est triste.

Hôtel Prince. Fenêtre faisant face à un mur. Traces de sang sur un tableau. Quelques gouttes ont débordé sur le papier peint.

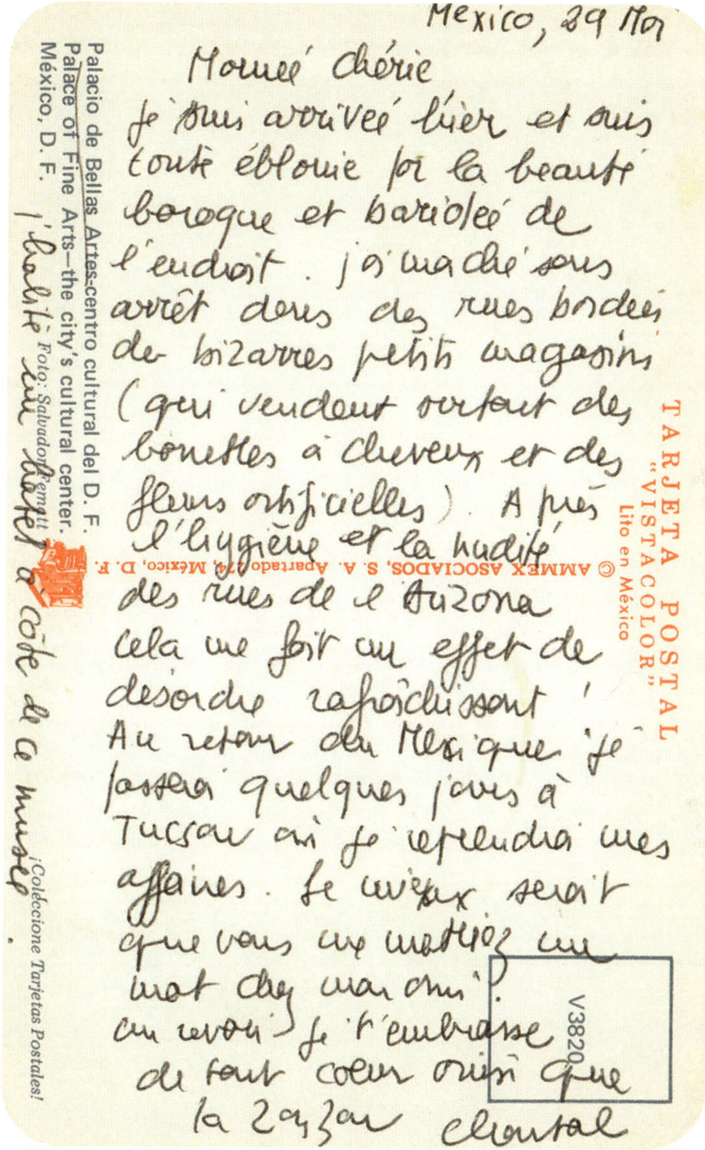

Mexico, 29 Mai

Mouné chérie

je suis arrivée hier et suis toute éblouie par la beauté baroque et bariolée de l'endroit. j'ai marché sans arrêt dans des rues bordées de bizarres petits magasins (qui vendent surtout des barrettes à cheveux et des fleurs artificielles). Après l'hygiène et la nudité des rues de l'Arizona cela me fait un effet de désordre rafraîchissant ! Au retour du Mexique je passerai quelques jours à Tucson où je reprendrai mes affaires. Le mieux serait que vous me mettiez un mot chez mon ami. Au revoir je t'embrasse de tout cœur ainsi que la Zazou

Chantal

l'hôtel est situé à côté de ce musée.

Palacio de Bellas Artes-centro cultural del D. F.
Palace of Fine Arts—the city's cultural center.
México, D. F.

Foto: Salvador Femat

¡Colecciones Tarjetas Postales!

TARJETA POSTAL
"VISTACOLOR"
Lito en México

© AMMEX ASOCIADOS, S. A. Apartado 274, México, D. F.

V3820

Bruit fou. Musique. Une party quelque part dans l'hôtel. Cris de femmes. Hôtel où les gens ne cessent de frapper les uns chez les autres, de hurler de rire, de claquer les portes, de s'engueuler, pour repartir à rire comme des hyènes. À ce tintamarre de déments s'ajoute le bruit de quelqu'un qui cogne (avec un marteau peut-être) contre de la tôle. Tout ça, avec les sonneries de cloches, l'orage qui tonne de plus belle, les klaxons de voitures. À six heures du matin, je sors voir la ville. Au passage, je me plains auprès du gardien de nuit, un étudiant qui m'affirme : *Mejor el ruido cuendo fuerte* (le bruit est bon quand il est fort).

Je le préviens que je vais boire un café (il m'indique un endroit) et reviendrai prendre mon bagage.

Hôtel Guardiola. Maison de mosaïques bleues et jaunes en face. Le patio de l'hôtel très frais, de mosaïques également, avec une fontaine au milieu, des arbustes d'hibiscus, un banc de marbre blanc. Les oiseaux sont omniprésents. J'ai l'impression d'avoir aménagé dans une volière. Le bruit est bon quand il est chant.

Innombrables petits magasins de barrettes à cheveux, rubans, galons, fleurs de plumes et de soie, cordons de couleur. Parmi des étals de papayes géantes, de corossols épineux et de mangues découpées en fleurs.

Du coin où je prends un café ce matin : l'homme au sombrero qui vend de minuscules oiseaux empaillés, piqués sur des bouts de bois. Tout autour, les cris des oiseaux vivants en train d'explorer l'azur. J'envie saint François d'Assise.

Le Presque Rien des objets vendus. Leur déchirante absence de finalité. Ni utiles, ni beaux. Choses que l'on ne pourrait ni conserver, ni jeter. Elles sont peut-être simplement faites pour être portées, un après-midi dans le creux de la main, et oubliées sur une table de café ou sur une murette entourant un jardin. Et avec l'argent payé en échange (la piécette de quelques *pesos*) le marchand d'objets sans raison vit, comme moi, une journée de plus.

Magasins de robes de fillettes en voile blanc amidonné et dans lesquelles on glisse, aux jours de fête, leur petit corps empaillé.

À travers la vitre de ma fenêtre : les éclairs qui fendent le ciel. Mexico City dans un orage perpétuel.

Le soir, je m'endors étourdie de tant de regards croisés : groupes de jeunes gens au coin des rues, enlacés d'amitié et de la faim partagée de connaître les filles qui passent (les connaître au sens de pouvoir soulever leur jupe, presser leurs seins).

Sifflets de colibri des flics.

Gens qui hurlent dans la rue et dont la voix parvient à surmonter le trafic pourtant hyper bruyant des voitures.

Au restaurant, deux femmes habillées de noir. Robes. Mantilles. Bas. Deux veuves. Elles commandent chacune un verre de lait. Soudain l'une (la plus âgée) éclate de rire. L'image en noir et blanc se colore indécemment du rouge brillant de ses gencives.

Un couple très ivre. Ils s'accrochent l'un à l'autre, vacillent, tournoient avec lenteur.

Retour à mon hôtel. Agréable sensation de familiarité. Me reposer, rêver, ouvrir un livre, lire, relire, Valery Larbaud, *La Mort d'Atahualpa.*

Ô combien de fois j'ai pensé à ces larmes,
Ces larmes du suprême Inca de l'empire ignoré
Si longtemps, sur les hauts plateaux, aux bords lointains
Du Pacifique – ces larmes, ces pauvres larmes
De ces gros yeux rouges suppliant Pizarre et Almagro.
J'y ai songé, tout enfant, lorsque je m'arrêtais
Longtemps, dans une galerie sombre, à Lima,
Devant ce tableau historique, officiel, terrifiant
On y voit d'abord – belle étude de nu et d'expression –
Les femmes de l'Empereur américain, furieuses
De douleur, demandant qu'on les tue, et voici,
Entouré du clergé en surplis et des croix
Et des cierges allumés, non loin de Fray Vicente de Valverde,
Atahualpa, couché sur l'appareil horrible
Et inexplicable du garrot, avec son torse brun
Nu, et son maigre visage vu de profil,
Tandis qu'à ses côtés les Conquistadores
Prient, fervents et farouches.
Cela fait partie de ces crimes étranges de l'Histoire.
Entouré de la majesté des Lois et des splendeurs de l'Église,
Si prodigieux d'angoissante horreur,
Qu'on ne peut pas croire qu'ils ne durent

Quelque part, au delà du monde visible, éternellement ;
Et dans ce tableau même, peut-être, demeurent
Toujours la même douleur, les mêmes prières, les mêmes larmes,
Pareilles aux desseins mystérieux du Seigneur.
Et j'imagine volontiers, en cet instant
Où j'écris seul, abandonné des dieux et des hommes,
Dans un appartement complet du Sonora Palace Hôtel
(Quartier de la Californie),
Oui, j'imagine que quelque part dans cet hôtel,
Dans une chambre éblouissante de lampes électriques,
Silencieusement cette même terrible scène,
– Cette scène de l'histoire nationale péruvienne
Qu'on serine aux enfants, là-bas, dans nos écoles, –
S'accomplit exactement
Comme, il y a quatre cents ans, à Caxamarca.

– Ah ! que quelqu'un n'aille pas se tromper de porte !

Moi aussi, c'est dans un hôtel que m'atteint dans son insurmontable *atrocité, dans son redoublement d'abjectes* trahisons la mort d'Atahualpa. Au Mexique, et non au Pérou. Pourtant j'en ai lu le récit pour la première fois à Lima mais dans un style plat, informatif : l'absence d'écriture produisant comme toujours, avec l'impossibilité d'imaginer et de sensuellement se représenter, le gel des émotions.

Face à face, dans l'ascenseur, avec le garçon d'étage qui portait mon sac bleu, vieille chose informe qui me fait honte quand je la vois entre les mains d'autres que moi. La fixité de regard de ce jeune homme m'intrigue. Elle n'est ni de timidité ni de lubricité mais plutôt d'une scène gravée au fond de ses yeux sombres. Se serait-il trompé de porte ?

Au restaurant Alfredo. Exquis *ceviche* dégusté sous une Vénus légèrement penchée. Ainsi dansent les Indiens, m'avait dit hier Irma, dans ce restaurant, à la même place, sous la même Vénus. On passait des chansons de Pedro Infante. « Les hommes pleurent sans cesse l'amour trahi. » Quand elle a quitté son mari, il est allé Plaza Garibaldi, s'est saoulé et a sangloté plusieurs jours et plusieurs nuits. Les Mariachis lui serinaient sans discontinuer l'« à-fendre-l'âme » de son destin. Ils lui soufflaient la musique et les mots pour alimenter le chagrin, alourdir la peine. C'est un fait, il a désormais l'âme toute fendue. Elle aussi, d'ailleurs ; ce à quoi elle n'avait pas pensé.

Cucurrucucú Paloma, un des fameux succès de Pedro Infante. Comment, tu ne connais pas ? Irma est gaie à nouveau. Comme elle m'était apparue à Paris, place de la Concorde : elle m'avait demandé son chemin, on avait pris un verre, et elle m'avait laissé son numéro de téléphone à Mexico.

Cucurrucucú Paloma, on se mouche, ravale un sanglot, Merci les gars ! Ça va mieux !

Hier au jardin… l'adolescent qui nous suit *toute la journée*, Irma et moi, pour finalement me pincer les fesses dans la bousculade du métro, et disparaître dans la foule. Ces longues heures de filature dans les allées, au zoo, autour du lac, à travers la roseraie, pour un résultat pareil. À moins qu'il s'en félicite et soit rentré, content, dans la chambre qu'il occupe chez ses parents.

Départ pour Oaxaca.

Autobus archiplein. Quelques touristes. L'autobus part à l'heure, mais au bout d'une vingtaine de kilomètres, il tombe en panne.

Sortir du bus, reprendre les bagages, attendre un bus de remplacement. Un fossé borde la route. Ce sont d'abord les enfants qui sautent dedans pour jouer. Puis, je fais comme eux. Rester sur le bord de la route est trop dangereux. Le groupe des femmes sort son tricot, celui des hommes les jeux de cartes, moi mon cahier.

Les herbes sauvages de bord de routes

La panne de l'autobus, à peine sorti de Mexico, me gêne, et me plaît. J'y vois la marque d'un archaïsme, la manifestation d'un système de transport qui n'a pas totalement intégré son appartenance au règne de la machine, avec son idéal de ponctualité et d'efficacité. Le bus récalcitrant repose dans le soleil matinal. Des femmes tricotent dans son ombre. Des hommes sortent un jeu de cartes. Je pense au grand-père du chairman de Tucson qui ne pouvait pas croire que les automobiles allaient *à jamais* remplacer les chevaux. Que cette si vieille et complexe relation avec le cheval s'achèverait dans une station-service. Des milliers d'histoires, sentimentales, tendres, violentes finissaient là. De compréhension mutuelle. Tout un registre de l'imprévisible, aussi. L'imprévisible ? Le lapin que m'a posé Eduardo deux jours plus tôt était-il vraiment imprévisible ? Non. C'est seulement que j'ai accordé peu d'attention à sa promesse de voyage. Le « progrès » a pu éliminer le cheval au profit de l'automobile, mais le lapin reste indégommable.

Eduardo m'a abordée dans un bar où je dégustais un *ceviche* dans un verre à pied (délice toujours neuf du *ceviche* – prononcer *say**bee**chay* selon mon dictionnaire Berlitz). Lui-même buvait une coupe de champagne. Sa veste de lin, son visage rond de bébé bien nourri qui a bien dormi, sa chevalière, tout m'indiquait l'homme des quartiers riches. Il m'a très vite confié que María Félix était sa voisine. Et quand il a su que je voulais aller à Oaxaca, il m'a proposé de m'y conduire. Je préviens Tonino et c'est parti !…

Eduardo habitait une maison d'une quinzaine de pièces étendue autour d'une piscine et protégée de hauts murs. Pour un obscur motif (obscur à lui-même uniquement), alors que le logement était si vaste, sa chambre était contiguë à celle de sa mère. Entre les deux, la porte fermait mal. Après quelques manipulations possiblement susceptibles d'évoquer, pour qui en aurait déjà fait l'expérience, l'acte sexuel, Eduardo s'était endormi. La mère en revanche s'était réveillée. Un rai de lumière filtrait sous la porte, comme une surveillance. Je me suis endormie en rêvant à toutes sortes de jus de fruits délicieux servis sous les frondaisons d'un parc. Vers l'aube, Eduardo a repris ses esprits. À ma vue, il a bondi, a appelé d'urgence (à voix basse) Tonino, lui a ordonné de me raccompagner à mon hôtel. « *Adios querida* », m'a-t-il chuchoté, son faciès enfantin plissé d'angoisse, « à ce soir ! »

Un grand calme planait sur la maison, de menus frôlements indiquaient le commencement de la journée pour la domesticité. María Félix, elle, dormait encore, enveloppée dans sa chevelure brune.

J'ai attendu Eduardo, longtemps, très longtemps, alors même que j'avais compris qu'il ne viendrait pas. Mais, par une étrange passivité, je ne me décidais pas à me lever et à partir. Bien après la fermeture du bar, je suis restée debout, contre un mur, toujours incapable de faire un geste.

Il me fallait une secousse. *¡Placada!* a prononcé un homme en me regardant. *Placada*, participe passé passif.

Le second bus tarde beaucoup. Des autobus se succèdent, chaotiques et vrombissant dans des nuages de poussière, mais ce n'est jamais le nôtre. Les enfants sont fatigués de se poursuivre dans les fossés.

Oaxaca de Juárez

Arrivée tard dans la nuit. Je suis incapable de situer la gare routière dans cette obscurité. Il y a aussi ma peur des chiens errants. Je décide de mettre mes pas dans ceux d'un couple qui m'a semblé sympathique. Il ne l'est pas, voudrait me semer. Je m'accroche et entre à leur suite dans l'hôtel où ils ont réservé. Hôtel Virginia. Dans le hall éteint, des oiseaux en cage nous accueillent. Le couple tâtonne vers un employé endormi. Je ne les lâche pas d'une semelle. Juste de gaieté d'humeur, puisque je suis sauvée.

Bruit d'enfer. Au trafic d'une rue passagère (voitures, camions) s'ajoute le fait que cette rue est doublée d'une voie ferrée. Roulement de trains à quelques mètres de ma fenêtre.

Mal de gorge. Nouvel hôtel. Le San Bartolomé de las Casas. Calme, vieillot. Clientèle uniquement mexicaine.

Pas de bruit mais une autre délicatesse : les draps froids et humides. Je dors tout habillée.

Au matin, le garçon qui est venu prendre la lampe pour la réparer reste planté de l'autre côté du lit avec un mélange de crainte et de dévergondage direct : il me demande, je crois, de le branler ou que nous fassions l'amour.

Pour mettre le comble à l'humidité de la chambre, j'inonde la salle de bains.

Au Zócalo. Des Américains qui vivent à Oaxaca. Des poètes, des musiciens, des aventuriers du mal de vivre. L'avantage du Mexique c'est que, quitte à aller mal, ici ça ne coûte pas cher. Pour ne rien dire des drogues et de la facilité à échapper aux ennuis avec la justice.

William Burroughs qui, en 1951, a tué à Mexico Joan Vollmer, son épouse, d'un coup de revolver au jeu de Guillaume Tell (il a raté la pomme), prend un avocat. Bientôt, cet avocat, lui-même sous le coup d'une accusation, est mis en prison. Ce serait à son client d'aller lui rendre visite en taule. Mais Burroughs s'enfuit au Pérou. Je me rappelle son fils, errant la nuit dans les rues vides et froides du mois de mars à Boulder, William Burroughs junior, écrivain, âme en peine s'il en fut.

San Pablo de Mitla. La Maison des morts. Ruines mixtèques.

Motifs abstraits, rigueur géométrique.

Les premiers mots que j'entends d'un groupe de Français : « acte manqué ».

Laideur usée, rosée, de ce groupe de touristes. Chairs flasques. Jambes vilaines dans des shorts aux couleurs pratiques (beige, vert kaki) qui contrastent avec les couleurs éclatantes du Mexique. Rouge rafale, rose fondant, jaune soleil, bleu océan, merveilles d'oranges.

Short ras les couilles des plus jeunes.

Effet de laideur globale des étrangers.

Les ruines rendent la vulgarité encore plus insupportable. Je descends dans la Maison des morts. La mort n'est jamais vulgaire.

Je les retrouve à Oaxaca.

Convento San Domingo : voix aiguë d'une femme : « Robert, la sainte, il faut que tu la prennes. »

Les oublie.

Convento San Domingo, effet de luxe et de brillance, de surcharge et théâtralité (comme la Mission San Xavier del Bac où c'est encore accru par le contraste avec le désert) qui déclenche en moi un rappel à la volupté.

Les vêtements de la Vierge. Robe blanche moirée. Ourlet piqué de marguerites en nacre. Voile de broderie bleu très pâle. Elle tient à la main une couronne de fleurs d'oranger.

Christ en longue robe de velours violet, au col et au bas garnis d'un galon d'or. Sa grosse croix de bois verte a été fraîchement repeinte, ainsi que sa couronne d'épines – d'un même coup de pinceau.

Le vert amande de la chapelle, les dentelles, la multiplicité de statuettes, les fleurs artificielles : l'esthétique des cabines de camions en Espagne et en Amérique latine. Je comprends mieux ma joie à voyager dans ces pays. Chaque cabine : une chapelle en miniature. Chaque trajet : une forme d'offrande à Notre-Dame des Fleurs.

Le garçon dans l'autobus avec un oiseau sur la tête, un petit perroquet vert. L'oiseau, par moments, lui picore les cheveux et jusqu'aux sourcils, mais avec douceur. Air très sérieux de ce petit garçon porte-perroquet. On le sent peu concerné par le reste du monde. Il vit dans l'amour de son oiseau vert.

Dieux :
Dieu des enfants amoureux d'un oiseau
Dieu de la Pluie, Tlaloc
Dieu du Vent
Dieu de l'Amour
Dieu de la Fertilité
Dieu du Feu
Dieu des Orfèvres et du Printemps
Dieu de l'Agave
Dieu du Maïs
Dieu des Iguanes
Dieu des Autobus

Marques de bières :
Corona
Bohemia
Carta Blanca
Dos Equis
Pacifico
Modelo
Tecate
Victoria

Sol
Superior
Moctezuma

J'entre dans un bar, commande une Carta Blanca et adresse une prière au dieu des Autobus.

6 juin

Musée Ex-Convento de Santo Domingo.

Christ au fouet sur velours.

Christ à plat ventre sur un grand coussin de velours rouge. Les fesses tendues, drapées du même velours rouge que le coussin. Sur le dos des traces de blessures (rouge vif) et de coups (bleues). Il a les mains liées par un cordon qui lui passe également autour du cou.

Il regarde droit en direction des spectateurs (ou des bourreaux) – yeux noirs et soumis, vrillés d'une douleur qui le dépasse (le garçon de l'hôtel Guardiola à Mexico).

Il est enfermé dans un cercueil de verre.

Christ à l'infection purulente.

Christ couché sur le dos. Un dessus-de-lit de coton blanc le recouvre presque entièrement. Ses mains déchirées par le clou, sanguinolentes, sont exposées. Son cou, qui a été brisé, est mal recollé. Reliefs de grumeaux de colle et de plâtre. Effet vraiment douloureux de cette mauvaise blessure mal colmatée.

Les hibiscus roses et rouges à fleurs doubles contre la pierre blanche des colonnes.

Les lis jaunes.

Cráneo decorado con mosaico de turquesa y conchas.

Copa de cristal de roca.

Os de jaguar sculptés.

Colliers de jade, d'or et de cristal de roche.

Ce musée me donne un sentiment de pur bonheur. Je pense que Casanova aimait le monde absolument, sans acception d'individualité et encore moins d'intériorité.

Hôtel Ruiz

Tout me plaît. L'odeur de l'escalier. La porte-fenêtre. Le balcon. La petite table écritoire avec sa lampe verte.

Agostino. Hier soir.

« Tu as les mêmes narines et les mêmes yeux que ma mère. » Son père a la peau presque noire et sa mère le teint très clair.

Beauté voyouse. Je n'aime pas le toucher de ses mains. Mélange de jeunesse et de rudesse.

Son amour pour les étrangères. Berlitz : la clef, me dit-il. Quelque chose de naïf et de désolant, mais aussi presque de grandiose.

Il me raconte ses difficultés pour passer de la vie du village où il est né (société matriarcale, précise-t-il) à la vie d'Oaxaca.

Il a habité quelques mois avec une fille et refuse de l'épouser. Le père le menace, le somme de choisir entre le mariage et la prison. Il dit qu'il préfère la prison. *Entre deux prisons, Monsieur, j'aime mieux celle qui s'avoue pour ce qu'elle est.*

Le père s'était calmé. Au moins pour un moment.

Je m'attends à le voir surgir, fou furieux.

Je n'aime pas le contact des mains d'Agostino, mais tout son corps, dans le désir, est souple et léger. Il a vraiment du goût pour mes narines, aussi charmantes que celles de sa mère.

Suite de nuits de plus en plus intenses et, au-dehors, de plus en plus bruyantes.

Le jour : Le bruit s'accroît de manifestations politiques. Des étudiants scandent : Revolución.

Je demande à Agostino :

– Tu ne manifestes pas avec eux ?

– Une Revolución ? Pour quoi faire ? J'ai assez de soucis comme ça.

– Le père de ton amie ?

– Pas seulement.

Chien chauve. Ou chien nu du Mexique, d'origine aztèque. Xoloitzcuintle, Xolo.

Son absence de poil fait qu'il dégage de la chaleur. Les Aztèques s'en servaient comme chauffe-lit, Les Xolos se couchaient contre les malades, les réconfortaient, et si les malheureux succombaient, ils les guidaient vers le monde souterrain de la Maison des morts.

Au café, avec Dionisio. Combien le Poète me porte sur les nerfs. Y compris le Poète zapotèque qu'il est.

La femme française, Céline, qui s'est fait confisquer son van par la police. Tristesse de quelqu'un qui dit : « Généralement je suis drôle. »

Nuit avec José Luis. Corps petit et doux. Troublant à étreindre. Sur fond de musique révolutionnaire chilienne. Victor Jara.

Comme Agostino, il ne s'attarde pas en préparatifs de jouissance. Tous obsédés de pénétration.

Les porteuses au marché.

Femme indienne en noir, ceinture rouge sombre, porte un immense bouquet de lis blancs.

Femmes très petites. Elles portent des buissons entiers. Fardeaux qui leur tirent sur le front.

Femmes toujours en train de porter quelque chose.

Sans arrêt photographiées par les touristes.

Dans le métro de Mexico femmes portant leurs enfants sur le dos, qui risquent d'être écrasés aux heures de pointe.

Quand les étrangers ont fini de photographier les Mexicaines en train de porter, ils rentrent à leur hôtel et reprennent leur propre fardeau.

Échafaudages des sacs à dos. Chapeaux, casseroles, parapluies, couvertures, sacs de couchage roulés menu, godasses qui se balancent au rythme du marcheur.

Touriste à longue barbe (ne l'a pas coupée depuis douze ans, me dit un vieil habitué du Zócalo)
Touriste à qui on a volé son van
Touriste à qui on a tout volé
Touriste qui ne veut rien manquer
Touriste clopinant
Touriste à queue-de-cheval
Touriste collant
Touriste qui cherche à se perfectionner en langues étrangères (sous-catégorie du touriste collant)

Les Mexicains. Aucun matériau naturel dans leur habillement. Tissus de nylon, chaussures en plastique. Moins cher et des couleurs plus brillantes. Ce sont aussi les tissus synthétiques dont sont les plus souvent habillés la Vierge, le Christ, les saints. Le cuir, le coton sont réservés aux étrangers.

Je m'achète une chemise blanche à manches courtes. L'empiècement ovale est entouré d'une bande de tissu plissé.

Cinéma Rex. Affiche orange, lettres violettes. L'Aventure humaine et Laurent Lesnay présentent : Images et chants d'Amérique latine.

Dans mon attitude avec José Luis, alternance de désir et de répulsion. À une rapidité qui me surprend moi-même. Je suis prête à le tuer quand il caresse à contretemps. Je ne te comprends pas. Sur ce, il s'habille, met de la musique classique, me demande si j'aime.

José Luis craint de rencontrer Agostino, comme Agostino craint de rencontrer le père de son amie.

Depuis le retour de la Maison des morts un Indien me suit partout. Me guette d'hôtel en hôtel. Vient me causer quand je suis au Zócalo, où je passe énormément de temps. Il me demande de coucher avec lui. M'implore. Me supplie. C'est plus grave qu'une question de plaisir, me dit-il. Tu *dois* coucher avec moi. Il touche mes cheveux. Mais il le fait avec crainte et tremblement. Comme s'il espérait par ce contact toucher au mystère d'une passation. Son insistance finit par m'obséder. À plusieurs reprises, je l'aperçois qui attend pour m'aborder que je sois seule. C'est l'inverse du phénomène « Artaud et les Tarahumaras ». Je détiens (à mon insu, en mon Sexe de Blanche) un principe qu'il doit s'approprier.

José Luis craint de rencontrer Agostino, comme Agostino craint de rencontrer le père de son amie. Et moi, je crains de rencontrer l'Indien.

Au Zócalo, un soir de bal, cet homme, la cinquantaine, qui me demande la permission de s'asseoir à ma table. Il se présente comme médecin et me dit en anglais, Pardonnez-moi de vous déranger, mais j'ai un conseil à vous donner : N'allez pas avec l'Indien qui vous suit partout. Il est malade.

– De quoi ?

– Je ne sais pas. C'est un phénomène bizarre, qui m'échappe. Il attrape toutes les maladies. Allez ! Adieu ! Et bon voyage ! Je ne voudrais pas vous importuner plus longtemps. Je tenais à vous avertir.

Rêve. J'assiste sans rien dire à l'indécision d'Évelyne sommée de choisir entre se marier et me rejoindre, quand elle se décide : sentiment d'une douleur terrible, de larmes impuissantes. En même temps. Aucun regret.

Dans le même rêve, je dis « Je ne t'aime pas » à un type assez grand. Style américain sportif.

Monter sur les sommets qui entourent Oaxaca. Sur le Monte Alban, sommet aplani par les Zapotèques. Montagne arasée. Rien ne m'exalte autant que l'herbe qui pousse dans les ruines.

De plus en plus de musique, de bruit, d'excitation sur la place. Je vais marcher dans les ruelles, réfléchis à l'avertissement du médecin. Pour une fois, la douceur des couleurs est sans effet sur moi.

Je me promets une nuit tranquille, mais sur le point de m'endormir : sifflements qui s'échappent du mur derrière la table de nuit et, plus tard, des secousses, profondes. Ressemblent en plus fort aux appareils à faire vibrer les matelas. À chacune, je me rendors, persuadée qu'il s'agit d'un cauchemar.

Je rêve que je sens dans ma bouche rouler mes dents comme des perles.

Je me réveille couchée en sens inverse dans le lit.

Pas d'autres victimes du tremblement de terre qu'un Allemand qui a sauté de sa fenêtre et s'est cassé une jambe.

Voyage de San Cristóbal vers Mérida

J'hésite entre Acapulco, l'océan Pacifique, et Mérida, le golfe du Mexique. Un marin, l'œil clair, les cheveux blondis par le soleil, avec dans son costume et tout son être quelque chose de chiffonné, d'abîmé, m'encourage à choisir Mérida.

Beauté du paysage. Plante orange.

Pluie.

Le type assis à côté de moi. L'air crevé, suant. Vieil étudiant obèse et détraqué. Il est plongé dans un livre sur Staline. (Staline le Russe, Napoléon le Corse, Hitler l'Autrichien, me dit-il.) Puis, il se met à lire un manuel pour apprendre le russe. En quelques minutes, il est à la treizième leçon. Pour mieux prononcer les sons il se fourre les doigts dans la bouche et pose lui-même sa langue convenablement. Ne fait pas la différence entre l'organe et le système linguistique.

Envie de vomir si je le regarde.

En plus, la route est pleine de virages.

Je change de place.

La route frôle des précipices. Des gorges d'un incroyable emmêlement d'arbres, fleurs et lianes.

On se regarde souvent le marin et moi.

Aux arrêts, plaisir de se retrouver.

Changement de bus. J'hésite à nouveau entre deux directions possibles. Je lui donne les sous, il achète le billet pour moi.

La mer vers trois heures du matin.

Lueur blanche. Les palmiers.

Soleil comme une petite orange.

Saleté du car à la fin du voyage, comme de la gare routière (les cafés en Espagne sous l'ère de Franco, le sol tapissé de papiers gras et de mégots). Lire un *Éloge de la saleté*.

À Mérida, père, mère, sœurs et frères sont venus attendre le marin.

Il a vers moi une mimique d'impuissance avant de se jeter dans leurs bras.

De quoi est faite l'ardeur de voyager ? Sa brûlure ? De *tous* les moments sans hiérarchie. De *toutes* les rencontres.

Sales gueules :

Un type, crâne rasé, cicatrices de griffures au cou, ou de coupures sur sa peau grise, nez cassé recouvert d'un pansement (ressemble à Robert de Niro dans *Taxi Driver*). Démarche américaine.

Un autre, peau blême, creusée d'une vieille maladie de peau. Foulard indien autour de la tête. *Do you like mexican fruit ?*

Hôtel Reforma. Merveille du XVIIIe siècle. Un patio de mosaïques claires, guirlandes d'oranges et de citrons, envolées de papillons. Des palmiers en pot, des yuccas, des bouquets d'arômes. J'écris mon journal dans un bruit de fontaine. Des colombes picorent entre mes pieds. Une vient se poser sur ma table. Bouge la tête par gracieuses saccades. Colombe-Prospère enfin libérée de ses vœux ?

Richard. Spécialiste du « *child abuse* ».

Attaché à la notion d'hygiène (ne touche pas mon sexe). Sur le point de divorcer.

C'est un voyage de séparation, me dit-il.

Moi aussi. Un voyage de commencement.

Je ne sens pas ça. Tout le temps je pense c'est triste de voyager seul, plus tard je ne pourrai pas dire à ma femme en égrenant des souvenirs : tu te rappelles ?

Une remarque pleine d'à-propos.

Nous sommes couchés nus sous un ventilateur d'une violence de tornade.

Au marché, une femme caresse mes cheveux. Éclate de rire. S'étonne. N'en finit pas de s'étonner.

Dans le Yucatán l'humidité culmine, elle dessine et éparpille sur les murs la carte d'une géographie fantastique. Elle fait de la forêt vierge qui entoure les pyramides un corps vivant. La pluie qui dégouline des feuilles, se mêle à ma sueur. Impression jouissive d'une irrésistible liquéfaction.

J. Soustelle, *L'Univers des Aztèques*.
Uitzilopochtli, divinité tutélaire et guerrière des Aztèques : « Grâce à moi le soleil s'est levé. »

*

Mon journal, le cahier gris, se termine ici.
À la lecture, cela m'a paru dommage de m'arrêter ainsi, dans le Yucatán, avec un amant ennuyeux et un mal d'oreilles débutant. Alors, profitant du temps de l'été, je me suis confiée au dieu de la Mémoire (et à des notes éparpillées), et j'ai écrit la suite. Il m'importait de revoir Tucson, les amis et les lieux. Il m'importait de boucler la boucle.

La présentation au Soleil

J'étais revenue à Mexico City. J'avais retrouvé l'hôtel Guardiola, le patio, les oiseaux fous dans le jardin d'en face. En mon absence, la direction m'avait attribué une autre chambre, plus chère. A priori, j'étais d'accord, sauf qu'en vérifiant mes finances, j'ai réalisé que j'avais mal calculé et qu'il ne me restait quasi rien pour le retour. Je partis donc dès le lendemain. La dernière soirée m'a chavirée au moins autant que celle de mon arrivée. Les braseros, les visages entrevus au-dessus des flammes, un orchestre de Mariachis escortant à pleins sons dans une ruelle obscure un petit homme titubant (le mari d'Irma, qui n'en finit pas de cuver son désespoir ?), une silhouette tout d'un coup qui m'attire et, peu après, une panique parce je ne sais plus où je suis, que je ne reconnais plus rien, et qu'il me semble être passée déjà plusieurs fois devant la devanture de ce salon de beauté où, malgré l'heure tardive, des femmes se coiffent et se maquillent les unes les autres dans un bruit de chansons.

L'autobus à six heures du matin m'a retiré toute impression de fête. L'attente, une Américaine, à l'écart, sac au dos, en short, remarquable par sa musculature et sa grande taille, les Mexicains, immobiles, serrés contre leur baluchon. L'arrivée du conducteur, guilleret, a remis le monde en mouvement. J'avais la place du devant, les couleurs se réveillaient avec le soleil et le contentement du conducteur, tout proche, m'englobait. Il conduisait très vite à travers des passages désolés de la lointaine banlieue, puis, sans nous avertir de rien, il a stoppé, sauté du bus et disparu dans une maisonnette. Il a resurgi peu après, encore plus guilleret, s'est réinstallé derrière le volant. Et a répondu de la main aux baisers que lui envoyait une jeune femme debout sur le seuil.

Le paysage, partie mexicaine du désert de Sonora, était aride, une terre de cactées, de rares habitations, des images qui défilent sans que rien n'arrête le regard. L'espèce d'hypnotisme qu'elles procurent animé de ce seul désir : que tout se poursuive pareil, qu'un désert succède au désert, sous le même ciel d'un bleu continu. Entre rêvasseries et sommeil les voyageurs se laissaient emporter, unis dans une commune déprise. L'Américaine a fait une légère encoche dans cette unité quand elle s'est approchée du conducteur pour s'informer du prochain arrêt, elle a demandé *¿Donde están los baños, per misericordia?* L'homme n'a pas bronché. Elle a un peu insisté, et s'est résignée. Le vrai réveil n'allait pas tarder. Une voiture de policiers a doublé le bus et fait signe au conducteur de stopper. Ils étaient quatre, mal fagotés, énervés, titillés d'une envie de grabuge. Ils nous ont fait sortir, nous ont alignés contre le bus, les mains appuyées au métal brûlant. Ils nous ont fouillés un à un, avec une brutalité mauvaise s'agissant de l'Américaine et de moi. On a présenté nos passeports. Du mien, a glissé la carte de visite de José Cordoba, l'ami d'un ami, proche du gouvernement. Il me l'avait tendue après notre dîner en me recommandant de l'appeler en cas de problème. La vue de ce nom m'a immédiatement redonné assurance et par une sorte de communication instinctive les brigands armés dont j'avais senti les mains s'appesantir sur mes reins se sont détournés des étrangères. L'Américaine en a profité pour aller pisser derrière un cactus, c'est-à-dire au vu de tout le monde. Ses longues jambes m'ont paru incroyablement provocatrices. J'ai eu peur que les policiers se ravisent et nous embarquent toutes deux. Mais ils avaient reversé leur rage sur une victime commode. Ils s'acharnaient sur un paysan dont la mine sombre et effarée les garantissait qu'il ne leur causerait pas d'histoires.

La carte, je l'avais oubliée, comme je n'avais jamais repensé à la soirée passée à Mexico avec José Cordoba. Aucune conversation entre nous n'avait pris. Plus exactement, lui se taisait et moi je m'évertuais en tentatives. Au stade du *mole poblano*, il y avait eu l'anecdote de l'invention de ce plat, vers 1700. Sœur Andrea de la Asunción, une religieuse d'un couvent du centre du Mexique, à Puebla, attend la visite du vice-roi d'Espagne. C'est un événement fabuleux dans sa vie de recluse. Elle veut le surprendre, qu'il garde un souvenir de sa visite. Sœur Andrea de la Asunción a l'idée de créer pour le vice-roi une recette : le *mole poblano*, le poulet au cacao, « un plat fait par les anges eux-mêmes ». Cette petite histoire nous avait sauvés. Je n'avais pas raffolé du *mole poblano* mais sa sophistication m'avait séduite, et surtout le caractère mystérieux du restaurant, une bâtisse blanche, à colonnades, au fond d'un parc ou au milieu d'un bois. J'avais aperçu des flamants roses au bord d'un étang. Dans l'angoisse installée à l'intérieur de l'autobus, dans un sentiment de précarité palpable, ce dîner, au tout début de mon voyage, se chargeait de brillance sur fond de nuit, une nuit moirée qui me resterait indéchiffrable, ou que ce séjour ne suffirait pas à éclaircir. Et j'interprétais maintenant le silence de mon hôte, sans doute à la fois trait de caractère et prudence de politique, comme un encouragement à me taire devant l'événement de l'inconnu.

Au prochain arrêt, à l'heure de dîner, sous le feuillage d'un manguier de la dimension de la place du village, son unique et splendide trésor, j'ai fermé les yeux et donné libre essor aux flamants roses.

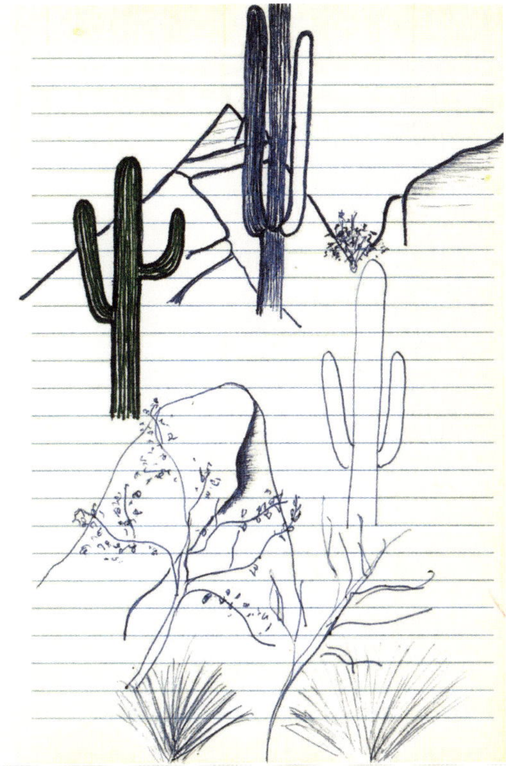

Dessiné sur une page de mon cahier
après une randonnée à Gates Pass (Tucson).

L'incident nous avait liées, l'Américaine et moi. Nous avons passé la frontière ensemble, à pied. Nous avons dévoré un breakfast monstrueux à Nogales, traîné dans des rues où tout respire les trafics illicites et les plaisirs à bas prix. L'Américaine était allée attendre son bus pour Los Angeles. J'en ai pris un pour sortir de la ville de façon à pouvoir faire de l'auto-stop en direction de Tucson. Je n'avais plus un sou et j'ai dû prier le premier conducteur qui avait stoppé de me payer un Coca. Il m'avait d'ailleurs laissée là. Auprès du distributeur de boissons, dans le bloc de glace qu'était l'intérieur de la station-service. J'ai savouré ce Coca à l'égal du meilleur champagne du monde, offerte à la réfrigération d'un climatiseur déglingué. Toute à son pétillement, je regardais sans émotion un horizon blanc vibrant des feux de midi. Je me sentais posée pour un bon moment dans cet igloo. L'homme de la station-service devait deviner mon sentiment et il n'y tenait pas tant que ça, à ce que je m'éternise sous son toit. Un misanthrope, sans doute. Ce qui m'a servi puisque, face à mon inertie, il a pris l'initiative d'intervenir pour moi auprès des automobilistes qui s'arrêtaient pour prendre de l'essence. Après plusieurs essais, il m'a fait signe, je l'ai remercié et me suis installée à côté d'un monsieur aimable. J'avais le visage à la fois chaud et figé par le froid et me revenait un mal d'oreille un temps endormi mais qui m'assaillait avec plus ou moins d'intensité depuis mon départ de Mérida. Depuis un village de pêcheurs du Campeche où j'avais passé quatre ou cinq jours. Ravie d'être à nouveau seule après ma rencontre avec l'amant du plus parfait ennui. Je n'avais quasiment pas quitté la plage et le moins possible l'eau. L'eau du golfe du Mexique, que je découvrais. J'avais loué une grande chambre nue avec un lit à armature métallique au milieu de la pièce. En fin de journée, les femmes du village emmenaient leurs enfants se baigner. Pour mieux les surveiller, elles aussi entraient dans l'eau. Jusqu'aux genoux, pas au-delà. Elles relevaient leurs jupes noires et s'agrippaient les unes aux autres quand des vagues survenaient. Elles criaient et riaient avec autant d'entrain et de liberté que leurs enfants. Le spectacle de ces femmes en noir et jeunes, de ces jeunes mères drapées de noir comme leurs mères mais encore gamines par leurs corps, leurs gestes, leurs voix, était indissociable de mon plaisir à demeurer entre mon hôtel, la plage, et quelques rues aux façades peintes de couleurs de sorbets aux fruits. Mais un matin, au réveil, j'avais commencé à souffrir d'une oreille. On m'avait indiqué un dispensaire. Le médecin, un vieil homme à la blouse crade, avait diagnostiqué sans hésiter que c'était à cause des bains. J'avais de l'eau dans l'oreille. Il m'avait traitée avec une rudesse qui laissait entendre, si je puis dire, une condamnation morale. Il était bien normal qu'un jour ou l'autre les femmes délurées, contre-nature, les créatures impudiques envoyées par l'Étranger pour pervertir la population indigène, paient le prix de leur déviance. Je m'en tirais avec un châtiment au rabais. J'ai traversé la salle d'attente. Elle était maintenant bondée de femmes et d'enfants, peut-être les mêmes qui, sur la plage, incarnaient pour moi le cœur de la beauté des soirs, mais méconnaissables. Les enfants étaient tristes et silencieux. Les mères avaient des regards perdus d'anxiété et leur habit noir les recouvrait d'un voile lourd. Des Pietà, me suis-je dit, en m'en allant avec ma goutte à l'oreille, à la manière dont Casanova, qui ne saisit pas le sens de l'expression, écrit dans ses Mémoires, qu'il est sorti « avec une puce à l'oreille ».

Le conducteur était bavard – une qualité du point de vue de l'auto-stoppeur, l'éventualité que lui soient épargnées les routinières (et métaphysiques) questions : D'où venez-vous ? Où allez-vous ? Pourquoi ? Il m'a juste demandé ce que je faisais à Tucson. J'ai dit : « J'enseigne la vie de Marianne », « Excellent », a-t-il approuvé et il a enchaîné sur lui : Il était représentant de commerce et vendait en Arizona pour le compte d'une firme de confection mexicaine. Des vêtements spéciaux, m'a-t-il glissé. Oula ! ce n'était pas l'idéal pour sauter d'une voiture en marche. J'ai détourné la tête sans répondre. Mais oui, a-t-il insisté avec un rire jovial. Vous voulez voir ? Et, après avoir farfouillé d'une main dans le désordre de la banquette arrière, il a extirpé un gros catalogue et me l'a posé sur les genoux.

C'était un catalogue d'uniformes, de tabliers, d'ensembles, de combinaisons pour gens de maison, hommes et femmes. Les tabliers pour les bonnes et femmes de chambre étaient d'une grande variété et certains, bordés de dentelles, brodés d'un motif discret, coquets. J'ai plongé dans ce livre d'images avec le soulagement d'être libérée de tout effort de conversation. De son côté, il était satisfait de me voir partager l'intérêt majeur de son existence. Il a mis de la musique. Et nous avons roulé comme ça longtemps, lui chantonnant, moi lisant *in extenso*, plutôt deux fois qu'une, les fiches commerciales en sous-titres aux photographies, et contemplant à l'infini, comme si je pouvais en tirer une vérité, la blouse comme d'infirmière, la jupe grise serrée, le chemisier blanc à manches longues et col strict, qui dénotaient l'excellent standing du foyer sans mettre en péril la prééminence de la maîtresse de maison. Je m'étais rappelé les avenues mornes des quartiers privilégiés de Mexico, dépourvues de présence humaine à l'exception des jeunes filles domestiques occupées à promener les chiens de leurs maîtres. Elles se disaient bonjour, échangeaient des nouvelles rapides, rattrapaient d'une main experte la boucle rebelle échappée de leur coiffe d'uniforme.

J'ai bu une bière avec le voyageur de commerce. Bien glacée, de façon que le mal guérisse le mal. Il m'a déposée, plein de courtoisie, au 1300 E. Fort Lowell Road. Après le Mexique, Tucson me faisait l'effet d'un hôpital, ça tombait bien, j'avais vraiment besoin d'une consultation. Le médecin m'a prescrit des antibiotiques et ordonné de retarder mon vol pour New York. J'ai regagné mon studio, fébrile et les oreilles bourdonnantes. J'étais dans le même état, des années plus tôt en Italie. J'avais quitté Venise un peu malade et, quand j'étais arrivée à Cortina d'Ampezzo, ça n'allait plus du tout, j'avais juste eu la force de choisir un hôtel, de m'enfermer dans ma chambre. L'hôtelier adoucissait mon sort avec du thé au miel. Dehors, il neigeait. Je lisais les contes fantastiques d'E.T.A. Hoffmann. J'avais complètement décollé du réalisme et de ce qu'il est convenu d'appeler le monde normal.

Il ne neigeait pas à Tucson, mais les 40 degrés à l'extérieur, combinés avec la fièvre, produisaient autrement les conditions d'un enfermement radical. Guillaume m'a apporté à manger et, en cadeau, le livre de Don C. Talayesva, *Soleil Hopi, Autobiographie d'un Indien Hopi*. Il voulait, je crois, que je comprenne son amour du désert, que j'y lise davantage qu'un cadre idéal pour son penchant décidé à l'ivresse. Que je cesse d'identifier, comme tous les gens de passage, ambitieux, affairés, aveugles, le désert à un vide et l'histoire de l'Arizona à la conquête du Far West.

J'ai guéri et recouvré des forces au fur et à mesure que les mots du chef indien se traçaient une voie dans mon esprit. Alors que j'étais déjà presque partie, que, comme tous les voyageurs, je m'étais contentée de la surface, par la magie du livre surgissait un monde de l'Origine, gorgé de signes et de présages.

Tandis qu'en face de ma fenêtre des étudiants, libérés des examens, sont en train de rire et s'ébattre dans la piscine, je suis ce petit Indien, Chuka de son nom d'enfant, jusqu'alors éduqué par les histoires racontées par les Anciens, précipité dans l'école de la Mission. Il a neuf ans. Il est joyeux, moqueur, rapide à sauter de toit en toit. Il va sale, les pieds nus, sur le dos une chemise découpée par son père dans un sac de farine. Son grand-père lui a prédit qu'il serait un homme important, un chef de cérémonies. Il est à la fois minuscule et nimbé d'un grand avenir, et, soudain, il est arraché à sa langue, à son peuple, à sa famille, à la succession des rites et fêtes qui le constituent et livré à un programme scolaire aux allures d'une opération militaire.

Longtemps après cet événement, âgé de cinquante ans Don C. Talayesva de son nom d'homme, payé à 7 cents la page par un professeur de l'université de Yale pour écrire son autobiographie, se souvient de cette capture (les enfants récalcitrants sont attrapés au lasso) et comment certains enfants vont sombrer ou chercher à s'enfuir. Mais lui, il reste et réussit vite à « se faire appeler intelligent ». Il va maîtriser l'anglais puis progresser dans l'assimilation d'un comportement américain. Il possède une bicyclette, prend le train, monte sur un bateau. Il a appris à prier, prêcher et jurer, mais surtout il sait « parler aux Blancs » en monsieur. Il a accès à la « civilisation », à une autre mesure des distances et du temps. Il pourrait tenter sa chance en Californie ou ailleurs. Il y songe, mais il est terrassé par une pneumonie. Gisant inconscient sur un lit d'hôpital, sentant déjà un froid mortel le gagner, il a ce rêve ou cette vision : à son chevet se tient un homme très grand, d'une beauté exceptionnelle. Il a de longs cheveux noirs, un pagne de cérémonie, des colliers de perles. C'est son Esprit Tutélaire venu pour essayer de le sauver. Il va le guider vers la Maison des morts, pour, s'il en est encore temps, qu'il comprenne le prix d'être vivant. Moitié bondissant, moitié volant, Talayesva rejoint le pays Hopi et l'embranchement des deux voies qui mènent à la Maison des morts : l'une, étroite, ravinée, pleine de chardons et de serpents, où se traînent des êtres nus ployés sous des fardeaux, avec des cactus épineux attachés au sexe, ils avancent d'un pas par an ; l'autre, large et fleurie, douce de pollen et de farine de maïs, enchantée par les trilles des oiseaux d'été. Guidé par son Esprit Tutélaire, Talayesva s'engage sur la bonne voie et atteint la Maison des morts à l'instant d'avant qu'il ne passe. Ce rêve magnifique scelle la fin de l'américanisation de Talayesva et le début de son retour à la tradition Hopi. Contre « l'évidence » de sa guérison par la science le jeune Indien opte pour la croyance en son Esprit Tutélaire. Il mise sa vie sur un rêve. Il mise pour une vie décidée par les rêves. Talayesva choisit un monde limité à un territoire étroit et à un ensemble de règles sacrées, où chaque geste, chaque mot a une portée cosmique, où il y a toujours une intention maléfique derrière une source tarie, toujours un assassin derrière la mort d'un enfant, un monde qui vous interdit le moindre repos sur une explication naturelle, mais qui lui préserve un cœur aux aguets. Il choisit une cause perdue et le sait, mais cette cause est la sienne.

Talayesva choisit de vivre et mourir en Indien, comme il était né.

Son Esprit Tutélaire l'a enlevé du bord de la tombe pour le replacer au bord de la mesa, dans la vapeur qui monte du fleuve Colorado et l'embrassement de sa mère, dans le droit-fil de sa naissance et des rites qui l'ont accompagnée.

Au vingtième jour de sa vie, jour de la cérémonie du nom, vers quatre heures du matin, Masenimka sa marraine, les sœurs de celle-ci, et des femmes du clan du Soleil et du clan du Sable, et de clans alliés, clans de la Terre ou du Serpent, du Feu, de la Sauge Blanche et du Bambou, clan de l'Ours, se sont réunies auprès du nouveau-né et de sa mère. Masenimka a lavé avec une mousse de yucca les deux épis de la « Mère de Maïs » posés de part et d'autre du bébé à sa naissance, puis les cheveux de la mère et la petite tête du bébé. Ensuite, elle a fait couler sur les bras et les épaules de la mère une eau claire parfumée au bois de cèdre. Puis, l'enfant a été retiré de son berceau et défait de ses langes, lavé et préparé pour la cérémonie. Après quoi, la plupart des femmes rentrèrent chez elles, tandis que la mère et la marraine, celle-ci chargée sur son dos de l'enfant dans son berceau, ont quitté la maison et ont monté le chemin vers la mesa. La mère tenait dans ses mains les deux épis de la « Mère du Maïs ». Juste avant l'aube, debout face au ciel qui s'éclairait, les deux femmes ont accompli les gestes immémoriaux de la présentation du nouveau-né au Soleil.

Ma mère m'a enlevé, tout d'une pièce avec mon berceau et ma couverture, du dos de Masenimka et m'a mis sur le bras droit de ma marraine. Masenimka, qui me tenait ainsi devant le Soleil, a soufflé une prière silencieuse sur la pincée de farine dans sa main droite. À l'aurore, elle a découvert mon visage, selon le rite, avec la main gauche, elle a frotté mes lèvres de farine de maïs sacrée et lancé le reste au soleil levant ; avec sa bouche, elle a aspiré la farine de mes lèvres et l'a soufflée quatre fois vers l'Est, avec un geste arrondi de droite à gauche, pour les ramener quatre fois tout près de ma poitrine. De nouveau, Masenimka m'a souhaité longue vie dans sa prière et elle a crié au Soleil tous les noms que j'avais reçus, afin qu'Il les entende et sache me reconnaître.

J'ai fermé le livre. La piscine était silencieuse maintenant. Je me suis glissée dans son eau presque aussi chaude que l'air. J'ai fait la planche longtemps, le visage baigné de gouttes tièdes.

Il y avait une fête pour mon départ. La plupart de mes amis étaient déjà retournés en Europe, ce qui fait que ma première impression, quand je suis entrée dans le patio d'une hacienda aux environs de Bisbee, était que j'avais dû me tromper d'adresse. Je devais être encore fatiguée. Ce qui d'habitude m'était indifférent ou plaisant m'a paru pénible. J'ai eu envie de m'enfuir. Mais l'hôtesse est venue, m'a enlacée, tendu un verre : j'étais prise dans la party et c'était bien une fête pour moi. N'empêche que je m'ennuyais. Je n'avais pas voulu rester à Tucson, je n'avais pas pour cela envie d'aligner des platitudes sur Paris. J'ai essayé de m'isoler. J'ai trouvé un coin à jasmin et me suis abandonnée à la contemplation du ciel et à la sagesse de l'alcool, laissant monter en moi le sentiment que cette nuit peuplée d'indifférents et à proximité d'une mine de cuivre abandonnée avait quelque chose de palpitant. Elle était l'Harmonie même qui allait me porter en douceur au seuil d'une révélation. Je me suis penchée pour me resservir et j'ai cogné mon verre contre le verre de la carafe, à cet instant j'ai entendu une voix au-dessus de moi, aimante et ailée dans le soir parfumé, une voix qui interrogeait : Ce bruit de clochettes, c'est votre tête ?

C'était elle, ma tête, et c'était lui, Diego. Il était revenu de Floride pour me dire au revoir.

Tout en parlant et buvant, sans aucune notion de temps et très peu, au-delà du jasmin, de l'endroit où nous divaguions, nous avons traversé la nuit, dépassé l'aube grise puis l'aube verte, atteint l'aube jaune. Le soleil s'était levé. Il ne nous connaissait pas et nous n'avions pas de mots pour le saluer, mais nous étions heureux de baigner dans sa lumière.

Mes plus sincères remerciements à Ingeborg Kohn pour sa généreuse hospitalité, pour la manière légère dont elle a su m'initier à l'histoire de Tucson et à la beauté du désert, et enfin, aujourd'hui, dans le présent de notre amitié, pour sa précieuse lecture de ce journal d'Arizona.

Table

OUVERTURE 11

1982. Pour mémoire 21

JOURNAL 25

Janvier 27

Février 55

Mars 81

Avril 99

Mai 109

Mexique 133

La présentation au Soleil 161

DE LA MÊME AUTRICE

Chantal Thomas a reçu le Grand Prix
de la Société des gens de lettres,
le prix Roger-Caillois de littérature française
et les prix Prince-Pierre-de-Monaco et Marguerite-Yourcenar
pour l'ensemble de son œuvre.
Elle a été élue à l'Académie française le 28 janvier 2021.

Sade, l'œil de la lettre
essai
Payot, 1978
rééd. sous le titre :
Sade, la dissertation et l'orgie
« Rivages Poche », n° 384

Casanova. Un voyage libertin
essai
Denoël, « L'Infini », 1985
et « Folio », n° 3125

Don Juan ou Pavlov
Essai sur la communication publicitaire
en collaboration avec Claude Bonnange
Seuil, « La couleur des idées », 1987
et « Points Essais », n° P218

La Reine scélérate
Marie-Antoinette dans les pamphlets
essai
Seuil, 1989
et « Points Histoire », n° P395

Thomas Bernhard
essai
Seuil, « Les contemporains », 1990,
rééd. sous le titre :
Thomas Bernhard, le briseur de silence
Seuil, « Fiction & Cie », 2007

Sade
essai
Seuil, « Écrivains de toujours », 1994

La Vie réelle des petites filles
nouvelles
Gallimard, « Haute enfance », 1995
et « Folio », n° 5119

Comment supporter sa liberté
essai
Payot, 1998
et « Rivages Poche », n° 297

La Suite à l'ordinaire prochain
La représentation du monde dans les gazettes
Livre collectif codirigé avec Denis Reynaud
Presses universitaires de Lyon, 1999

Les Adieux à la Reine
roman
Seuil, « Fiction & Cie », 2002
et « Points », n° P1128
Livraphone, 2003
Prix Femina,
Prix de l'Académie de Versailles

Le Régent, entre fable et histoire
Livre collectif codirigé avec Denis Reynaud
CNRS Éditions, 2003

La Lectrice-adjointe
suivi de Marie-Antoinette et le théâtre
théâtre
Mercure de France, 2003

Souffrir
essai
Payot, 2003
et « Rivages Poche », n° 522

L'Île flottante
nouvelle
Mercure de France, 2004

« Où sont les poupées ? », in *Poupées*
sous la direction d'Allen S. Weiss
Gallimard, 2004

Le Palais de la reine
théâtre
Actes Sud-Papiers, 2005

Jardinière Arlequin
Conversation avec Alain Passard
Mercure de France, 2006

Chemins de sable
Conversation avec Claude Plettner
Bayard, 2006
et « Points Essais », n° P596

L'Invention de la catastrophe au XVIIIe siècle
Du châtiment divin au désastre naturel
Livre collectif codirigé avec Anne-Marie Mercier-Faivre
Droz, 2008

Cafés de la mémoire
Seuil, « Réflexion », 2008
et « Points », n° P4657
Prix littéraire de la ville d'Arcachon

Le Testament d'Olympe
roman
Seuil, « Fiction & Cie », 2010
et « Points », n° P2674

Dictionnaire des Vies privées (1722-1842)
Codirigé avec Olivier Ferret et Anne-Marie Mercier-Faivre
Préface de Robert Darnton
Oxford, Voltaire Foundation, 2011

L'Esprit de conversation
Trois salons
essai
Payot, « Rivage Poche », n° 706

Casanova
La passion de la liberté
Codirigé avec Marie-Laure Prévost
Bibliothèque nationale de France / Seuil, 2011

L'Échange des princesses
Seuil, « Fiction & Cie », 2013
Thélème, 2013
et « Points », n° P3327

Un air de liberté
Variations sur l'esprit du XVIIIe siècle
Payot, 2014
Prix de l'Essai de l'Académie française

Pour Roland Barthes
Seuil, « Fiction & Cie », 2015
et « Points », n° P891

Souvenirs de la marée basse
Seuil, « Fiction & Cie », 2017
et « Points », n° P4835

« Sous la surface nue », in Osons la fraternité !
collectif sous la direction de Michel Le Bris et Patrick Chamoiseau
Éditions Philippe Rey, 2018

East Village Blues
avec les photos d'Allen S. Weiss
Seuil, « Fiction & Cie », 2019
et « Points », n° P5190
Prix Le Vaudeville

Café Vivre, Chroniques en passant
Seuil, « Fiction & Cie », 2020
et « Points », n° P5368

De sable et de neige
Photographies d'Allen S. Weiss
Mercure de France, 2021

Journal de nage
Seuil, « Fiction & Cie », 2022
et « Points », n° P5929

D'un éventail à la Coupole
Avec Dany Laferrière, Florence Delay, Bernard Comment et Allen S. Weiss
Seuil, « Fiction & Cie », 2023

L'Étreinte de l'eau
Entretien avec Fabrice Lardreau
Arthaud, « Versant intime », 2023

Préfaces

Madame du Deffand, *Lettres à Voltaire* (1769-1775), Rivages poche/Petite Bibliothèque, 1994.

André Morellet, *De la conversation* suivi d'un essai de Jonathan Swift, Rivages poche/Petite Bibliothèque, 1995.

Madame de Staël, *De l'influence des passions* suivi de *Réflexions sur le suicide*, Rivages poche/Petite Bibliothèque, 2000.

Prince de Ligne, *Mémoires*, Mercure de France, 2004.

Viviane Forrester, *Van Gogh ou l'Enterrement dans les blés*, Seuil, 2014.

Madame du Deffand, *Lettres* (1742-1780), Mercure de France, 2018.

Hugo Pratt & Michel Pierre, *Aventureuses*, Casterman, 2020.

Herbert Huncke, *Coupable de tout*, traduit de l'anglais (USA) par Héloïse Esquié, Points, 2021.

Deborah Levy, *Sous l'eau*, traduit de l'anglais par Pierre Ménard, Points, 2021.

Joan Didion, *Pour tout vous dire*, traduit de l'anglais (USA) par Pierre Demart, Grasset, 2022.

RÉALISATION : NORD COMPO À VILLENEUVE-D'ASCQ
IMPRESSION : GRAFICAS ESTELLA
DÉPÔT LÉGAL : MAI 2024. N° 156124
IMPRIMÉ EN ESPAGNE